로봇 기술의 본질을 바라보고,
우리가 준비한 것을 찾는 계기가
되길 바랍니다.

공경철 드림.

로봇의 미래

본문 속 <철완 아톰> 스틸컷은 Tezuka Productions, <터미네이터 2> 스틸컷은 StudioCanal의 허가를 받고 수록했습니다.

Still from "Terminator 2" used with permission of StudioCanal S.A.S.

일러두기

달러 단위는 1,430원, 위안 단위는 200원 기준으로 환산했습니다.

본문 속 <철완 아톰> 스틸컷은 Tezuka Productions, <터미네이터 2> 스틸컷은 StudioCanal의 허가를 받고 수록했습니다.

Still from "Terminator 2" used with permission of StudioCanal S.A.S.

로봇의 미래

The Future of Robots

AI 이후,
세계는 로봇으로
재편된다

공경철 지음

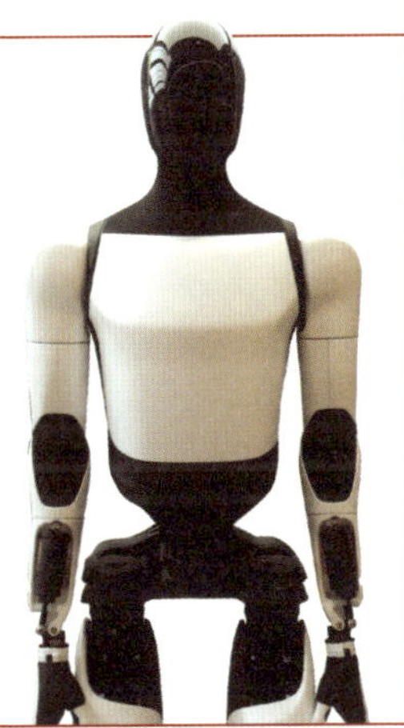

와이즈맵

좋은 과학 서적은 대개 첨단 기술을 설명하는 데 머무르지만, 탁월한 책은 한 시대의 정서를 읽어낸다. 《로봇의 미래》는 바로 그런 드문 책이다. 이 책은 로봇을 공장 한편의 금속 팔로 축소하지 않고, SF가 오래전에 던진 질문에서 출발해 오늘의 휴머노이드, 협동 로봇, 웨어러블 로봇, 그리고 AI와 결합한 지능형 시스템에 이르기까지 우리가 이미 발을 들여놓은 미래를 넓고도 또렷한 시야로 보여준다. 저자는 기술의 구조를 설명할 때는 정교하고, 인간의 삶을 말할 때는 섬세하다. 그래서 독자는 이 책을 읽으며 로봇을 미래의 볼거리가 아니라 노동과 돌봄, 재활과 이동, 산업과 국가 전략을 다시 쓰는 현재의 언어로 받아들이게 될 것이다.

인상적인 대목은 이 책이 기술 낙관론이나 종말론의 손쉬운 유혹에 기대지 않는다는 점이다. 로봇이 일자리를 어떻게 바꾸는지, 초고령 사회에서 어떤 돌봄의 인프라가 될 수 있는지, 세계적인 패권 경쟁 속에서 한국이 어떤 전략을 가져야 하는지, 이 책은 뜨거운 기대와 냉정한 현실을 함께 껴안으며 끝내 가장 중요한 질문으로 돌아간다. '로봇이 얼마나 인간을 닮아갈 것인가'가 아니라, '인간이 어떤 가치를 지킬 때 로봇과 함께 더 나은 사회를 만들 수 있는가?'라고 말이다. 결국 한 사회의 미래를 결정하는 것은 기계의 지능이 아니라, 그 지능을 누구의 존엄을 위해 쓰느냐 하는 우리의 선택이다.

- 정재승(KAIST 뇌인지과학과 교수)

미래 글로벌 경제를 바꾸는 핵심 동력은 로봇 기술이 될 것이다. 그리고 로봇 기술과 얼마나 효율적으로 공존하는지가 미래 경쟁에서 차별화의 핵심이 될 것이다. 로봇과의 공존을 위한 깊이 있는 지식뿐 아니라 기술에 대한 이해를 제한하는 편견, 그리고 우리의 현주소에 이르기까지 친절하게 제시하는 이 책은 로봇과의 공존을 위한 첫걸음이 되리라 확신한다.

- 오건영(신한은행 팀장, 《환율의 대전환》 저자)

로봇공학자로서 연구에 몰두하다 보면, 우리가 개발하는 기술이 실제 사회에서 어떤 가치를 지니는지 깊이 성찰할 겨를이 부족할 때가 많다. 공경철 교수는 이 책을 통해 그 본질적인 질문을 정면에서 다룬다. 공경철 교수는 웨어러블 로봇 분야에서 세계적인 연구 성과를 일궈낸 탁월한 공학자인 동시에, 이를 직접 사업화해 성공시킨 혁신적인 창업가다. 기술의 안쪽과 바깥쪽을 모두 경험하며 얻은 그의 시선은 매우 특별하고 입체적이다. 이제 그는 자신의 독보적인 성취를 넘어, 이 책을 통해 더 많은 후학이 로봇의 세계에 뛰어들도록 영감을 주는 소중한 길잡이 역할을 자처한다. 로봇이 핵심 산업으로 부상한 지금, 이 책은 막연한 상상이었던 꿈을 현실로 만들며 우리 이웃들의 언어로 쓴 가장 정직한 로봇 안내서다. 미래 로봇 시대를 이끌어갈 인재들에게 이 책이 훌륭한 이정표가 되기를 기대하며 기쁜 마음으로 추천한다.

- 김정(KAIST 기계공학부 학부장, 제22대 한국로봇학회 회장)

로봇과 인간의 관계를
새롭게 정의합니다

'로봇'과 '인공지능Artificial Intelligence, AI'은 미래를 상상할 때 결코 빠지지 않는 두 단어입니다. 식당에서 서투르게 음식을 나르는 로봇을 보며 "이게 정말 우리가 꿈꾸던 미래인가?"라고 고개를 갸우뚱하다가도, SNS에서 사람처럼 춤을 추고 격투기를 하는 휴머노이드 로봇을 보면 막연한 두려움이 엄습합니다. 챗 GPT가 세상에 나온 뒤 여러 AI가 그들만의 SNS를 형성하고, AI 딱지가 붙지 않은 가전제품을 찾아보기 어려워지는 것을 보며 AI의 시대가 이미 개막했음을 체감합니다. 매일같이 쏟아지는 주식 기사의 헤드라인에 '로봇'이 단골손님처럼 등장하는 것을 보면, 로봇의 시대 또한 우리 코앞까지 와 있는 듯합니다.

이 책을 읽다 보면 로봇과 AI라는 두 단어가 마치 한몸처럼 계속해서 등장할 것입니다. "로봇 책인데 왜 AI 이야기가 이렇게 많이 나올까?"라는 의구심이 들 수도 있습니다. 하지만 오늘날 로봇을 이해하려면 AI라는 '두뇌'를 빼놓고는 설명이 불가능합니다. 이제 로봇은 인간이 미리 입력한 동작만 반복하는 기계 장치가 아닙니다. AI를 통해 스스로 상황을 판단하고, 경험을 통해 학습하며 진화하는 존재로 거듭났습니다. 그래서 최근에는 로봇 대신 피지컬 AI Physical AI라는 말을 더 많이 쓰기도 합니다. 휴대폰이 통화 수단에서 시작해 인터넷, 카메라, 결제 수단까지 아우르는 스마트폰으로 진화했듯, 현대의 로봇 역시 견고한 하드웨어와 AI 소프트웨어가 결합하며 전혀 다른 차원의 존재로 거듭나고 있습니다. 이제 로봇과 AI를 분리해서 바라보는 것은 현실과 동떨어진 접근이 돼버렸습니다.

로봇이 우리 삶에 스며들고 있다는 사실은 자명합니다. 우리는 이 거대한 변화 앞에서 로봇이 가져올 편의를 기대하며 설레기도 하지만, 동시에 로봇이 인간의 자리를 대체하고 우리를 통제할지도 모른다는 디스토피아적 불안을 느끼기도 합니다.

이미 전 세계 인구의 상당수가 일상에서 AI를 쓰기 시작했습니다. 다만 로봇은 하드웨어라는 물리적 실체이므로 소프트웨어인 AI처럼 빛의 속도로 보급되지는 못할 것입니다. 그러나 AI의 '물리적 단말기'인 로봇이 우리 세상의 방향을 결정지을 강력한 도구가 될 것임은 분명합니다. 그 영향력과 파괴력은 디스플레이나 스피커 속 AI와는 또 다른 차원의 변화를 몰고 올 것입니다.

그렇기에 우리는 지금 이 시기에 중요한 질문을 던져야 합니다. '인간은 어떻게 로봇과 공존할 것인가? 로봇을 설계하고 사용하는 데 어떤 윤리적 기준과 사회적 합의가 필요한가? 로봇 기술이 인간다움을

훼손하지 않으면서 우리 삶에 긍정적인 변화를 가져오게 하려면 어떤 길을 열어야 하는가?'

로봇은 단순히 공학적 혁신의 산물뿐만이 아닙니다. 인간의 상상력과 도전 정신 그리고 급변하는 시대상이 결합해 탄생한, 가장 독특한 창조물입니다. 초기 로봇이 영화나 소설 속에서 인간의 한계를 시험하는 상징이었다면, 오늘날 실험실의 로봇은 그 상상을 현실로 옮기기 위해 맹렬하게 진화하고 있습니다. 이제 우리는 기술의 가능성을 가늠하는 것을 넘어, 로봇이 어떻게 인간 사회에 들어와 조화롭게 어우러질 수 있을지를 치열하게 고민해야 합니다.

보행이 어려운 사람이 웨어러블 로봇을 입고 다시 땅을 딛는 모습, 시각 장애인이 로봇의 안내를 받으며 자유롭게 거리를 활보하는 기적 같은 모습은 이미 현실이 되고 있습니다. 이는 로봇 기술이 단순히 편리한 도구를 넘어 인간의 존엄과 자립을 지키는 든든한 버팀목이 될 수 있음을 증명합니다.

이 책에서는 로봇이 우리 삶에 얼마나 깊숙이 들어와 있는지 탐구하고, 우리가 어떤 방식으로 로봇과 손을 맞잡을 수 있을지 이야기합니다. 책장을 덮을 때쯤 여러분은 로봇과 인간의 관계를 새롭게 정의하게 될 것입니다. 막연한 두려움보다는 새로운 가능성에 대한 설렘으로 미래를 그리길 바랍니다. 로봇이 인간의 삶에 진정한 가치를 더하려면 무엇이 필요한지 함께 고민하며, 한 걸음 앞선 내일을 꿈꿔봅시다.

공경철

PART 4 휴머노이드 M.AX 얼라이언스, 한국 로봇의 반격

> 엔젤로보틱스 | 레인보우로보틱스 | 에이로봇 | 홀리데이로보틱스
> 원익로보틱스 | 위로보틱스 | 블루로빈 | 로브로스 | 뉴로메카
> 두산로보틱스 | LG전자 | HD현대로보틱스

PART 5 로봇 이후, 인간의 미래

PART 1

로봇 없는
미래는 없다

SF로 먼저 그려본
로봇의 미래

상상력과 기술의 만남

수많은 미래학자가 복잡한 데이터와 정교한 모델링을 통해 다가올 세상을 예측하려 노력한다. 그러나 정작 대중이 가장 생생하게 미래를 상상하는 순간은 Science Fiction, 즉 SF를 접할 때다. SF는 단순한 오락이 아니다. 그 자체가 미래학이나 다름없다. 각 시대의 SF에는 언제나 미래에 대한 비전과 기대가 고스란히 담기기 때문이다. 쥘 베른의 《해저 2만리》가 잠수함을 예견하고 조지 오웰의 《1984》가 감시 사회를 내다봤듯, SF 작품들은 상상력의 산물일뿐만 아니라 그 시대의 예언서 같은 존재였다.

실제로 SF 속 기술은 공학자에게 있어서 구현해야 할 비전이자 풀어야 할 숙제가 되기도 한다. 상상 속 미래 기술이 연구자들의 도전 의식을 불러일으키고, 실험실에서 수많은 시행착오를 거쳐 현실이 돼간다. SF가 단순한 오락을 넘어 과학 기술 발전의 길잡이 역할을 하는 것이다. 이처럼 상상력과 기술의 만남에서 탄생한 가장 매혹적인 창조물은 바로 '로봇'이다.

1921년에 체코슬로바키아의 극작가 카렐 차페크 Karel Čapek가 쓴 SF 희곡《로숨의 유니버설 로봇 Rossums Universal Robots, R.U.R.》에서 처음 등장한 단어, '로봇 Robot'은 그 어감부터 묘하게 기계적이면서도 인간적이었다. 로봇이라는 용어는 그의 형 요세프 차페크 Josef Čapek가 체코어로 노동이나 강제 노동을 뜻하는 '로보타 Robota'에서 영감을 얻어 제안했다고 한다. 당시에 '로봇'은 인간의 일을 대신하는 존재라는 개념으로 사용됐지만, 나아가 오늘날 우리가 아는 '로봇'에 대한 상상력과 과학적 탐구의 시초가 됐다.

희곡 R.U.R.은 당시 대중에게 충격적인 질문을 던졌다. 만약 인간이 노동을 대신할 존재를 만들어낸다면, 그것은 어떤 결과를 가져올 것인가? 이 작품 속 로봇은 금속으로 이뤄진 기계가 아니라 생물학적으로 설계된 존재로 묘사됐다. 이들은 반복적이고 고된 노동을 수행하도록 만들어졌지만 시간이 지나면서 자아를 갖게 되고 인간과 갈등을 빚는다. 인간의 창조물이 창조자를 위협하는 이 이야기는 인간과 기술의 관계에 대한 철학적·윤리적 논의를 일으켰다.

R.U.R. 첫 공연에서 묘사한 로봇은 인간과 비슷한 모습이었다. 배우들은 무대 위에서 단조로운 동작과 비인간적인 표정을 연기하며 인간과 기계의 경계를 시각적으로 강조했다. 당시 공연 포스터에는 '인간

1938년 희곡 R.U.R.에 등장한 로봇들_BBC

을 대신하는 완벽한 존재'라는 문구가 적혀 있었고, 이는 대중에게 강렬한 인상을 남겼다. 로봇은 차가운 기계가 아니라 인간성을 가진 존재로 여겨졌다. 이러한 초기 이미지는 이후 로봇의 외형과 개념에 지대한 영향을 미쳤다.

아시모프의 로봇공학 3원칙이 현대 로봇에 미치는 영향

1950년, 아이작 아시모프 Isaac Asimov 는 소설 《아이, 로봇 I, Robot》에서 '로봇공학 3원칙'을 제시하며 로봇과 인간의 관계를 정의하려 했다.

그는 로봇을 도구로 활용하는 데서 그치지 않고 로봇과 인간이 공존하는 데 필요한 윤리적 기준을 명확히 제시했다. 아시모프의 로봇공학 3원칙은 다음과 같다.

아시모프의 로봇공학 3원칙

1. 로봇은 인간에게 해를 끼치거나, 위험에 처한 인간을 방관해서는 안 된다.
2. 로봇은 인간이 내리는 명령에 따라야 한다. 단, 그 명령이 제1 원칙과 충돌하지 않는 경우에 한한다.
3. 로봇은 자신을 보호해야 한다. 단, 그 보호가 제1 원칙과 제2 원칙에 위배되지 않는 경우에 한한다.

흥미로운 점은, 아시모프가 이 원칙을 제안할 당시에는 아직 실질적인 로봇이 존재하지 않았다는 것이다. 그럼에도 아시모프는 로봇과 인간이 상호작용할 미래를 상상하며 윤리와 책임의 경계를 고민했다. 이 3원칙은 과학적 논의뿐만 아니라 대중문화에서도 끊임없이 인용되며 오늘날까지 로봇과 관련된 다양한 기술적·철학적 논의의 기반이 되고 있다.

아시모프의 소설에서 로봇공학 3원칙은 흥미로운 딜레마를 다뤘다. 로봇은 인간의 명령에 따라 행동하지만, 만약 그 명령이 제1 원칙에 어긋난다면 어떻게 될 것인가? 이후 다양한 SF 작품에서 이러한 설정을 다뤘고, 로봇의 자율성과 윤리에 대한 고민은 더욱 깊어졌다. 현대 AI 기술과 결합한 로봇공학에서는 설계 과정에서 이 원칙을 고려하기도 한다.

결국 로봇이라는 개념은 노동 대체 도구를 넘어 인간과 상호작용하며 협력하는 존재로 진화하고 있다. 이러한 발전은 인간성과 기계성의 경계를 탐구하며 새로운 가능성을 열어가는 과정이다. 로봇의 시작은 기계적 혁신만이 아니라, 인간의 상상력과 공학적 도전이 결합한 결과라고 할 수 있다. 이제 로봇은 단순한 기계가 아니다. 인간과 공존하며 미래를 함께 만들어갈 동반자로 자리 잡고 있다.

산업용 로봇 '유니메이트'의 등장

앞서 언급했듯 로봇이라는 개념은 문학 속에서 등장해 상상력을 자극하며 성장했다. 과학 기술이 뒷받침되지 못했던 시절, 사람들은 '기계로 만들어진 존재가 인간을 돕는다'라는 설정에 매료됐다. 그러나 문학 속 로봇은 대개 단순한 노동자로 그려졌고, 이런 이미지는 이후 현실에서도 이어졌다. 로봇이라는 단어의 어원이 강제 노동을 뜻하는 체코어 '로보타'였듯이, 초기 로봇은 인간의 노동을 대신하는 '기계 노예'로 구현됐다.

1961년 유니메이트Unimate의 등장은 로봇 기술 실용화와 대중화에 중요한 전환점이 됐다. 조셉 엥겔버거Joseph Engelberger와 조지 데볼George Devol의 협력으로 탄생한 유니메이트는 역사상 최초로 대량 생산된 산업용 로봇으로, 미국 제너럴 모터스General Motors 공장에서 처음 사용됐다.

유니메이트는 프로그래밍이 가능한 금속 팔 형태로 제작돼 자동차

미국 공장에서 생산에 사용된 유니메이트 로봇_Kawasaki Robotics

제조 공정에서 부품을 옮기고 용접하는 반복적이고 위험한 작업을 수행했다. 이전의 실험적 로봇들과 달리 유니메이트는 실제 산업 현장에서 안정적으로 작동하며 로봇 기술의 실용성과 상업적 가능성을 입증했다.

유니메이트의 등장은 대중에게 '로봇이 실제로 인간을 돕고 있다'라는 사실을 각인시켰다. 사람들은 경외감을 느끼면서도 로봇에게 일자리를 빼앗길지도 모른다는 우려의 시선을 보냈다. 실제로 유니메이트는 반복적이고 힘든 작업을 사람보다 빠르고 효율적으로 처리하며 생산성 향상에 크게 기여했고, '로봇이 인간을 대체할지도 모른다'라는 불안이 커졌다.

유니메이트는 단순히 인간의 노동을 대신하는 기계 수준을 넘어 산업 혁신의 촉매 역할을 했다. 1968년 급속한 경제 성장과 심각한 노동력 부족 문제에 직면한 일본에서 유니메이트 기술은 중요한 해결책이었다. 가와사키 중공업Kawasaki Heavy Industries이 미국의 유니메이션Unimation 사와 기술 제휴를 맺은 뒤 일본에서 산업용 로봇 생산이 본격화되면서 일본 제조업의 혁신적 성장을 이끌었다.

유니메이트의 성공은 로봇 기술의 실용화 가능성을 보여주는 중요한 이정표가 됐다. 이를 계기로 로봇 기술은 더욱 정교하고 지능적인 형태로 발전했으며, 인간과 협력하는 동반자로서 새로운 가능성을 열었다.

스크린 속 로봇이
우리에게 던진 질문

로봇은 인간과 친구가 될 수 있을까?

로봇이 사람들의 상상력을 더욱 자극하기 시작한 것은 20세기 중반, 특히 1950년대 일본에서였다. 전쟁 이후 재건과 산업화가 빠르게 진행된 이 시기에, 사람들은 새로운 기술과 미래에 대한 희망을 꿈꾸며 로봇이라는 개념에 열광했다. 그리고 바로 이때 만화가 '데즈카 오사무手塚治虫'가 창조한 캐릭터, '아톰(철완 아톰)'이 등장했다.

어린 소년의 모습인 아톰은 초인적인 힘과 지능을 가졌지만 인간에게 헌신적이고 따뜻한 존재로 그려졌다. 세상을 더 나은 곳으로 만들기 위해 능력을 발휘하고 인간과 협력하는 아톰의 모습은 대중에게 로봇에 대한 긍정적인 이미지를 심어줬다.

특히 아톰의 보호자이자 아버지가 된 오챠노미즈 박사는 흰 가운을 입은 과학자의 모습으로 등장하며 로봇공학자의 전형을 만들어냈다. 그 후 실제 일본의 로봇공학자들이 이러한 이미지를 채택하는 데까지 영향을 미쳤다.

오챠노미즈 박사의 존재는 로봇을 단순한 기계가 아닌 인간의 동반자로 바라보는 철학을 상징했다. 이로써 로봇은 아이들에게는 꿈과 동경의 대상이자 친구가 됐고, 기술자들에게는 '로봇과 인간이 조화롭게 공존할 수 있는 세상'을 꿈꾸게 했다.

아톰으로 시작된 인간형 로봇은 당시 일본 사회의 기술에 대한 열망과 미래에 대한 희망을 대변하며 현실에서 구현되기 시작했다. 일본 와세다대학 연구팀은 로봇 개발에 착수해 1973년에 세계 최초의 인간형 로봇 '와봇WABOT-1'을 선보였다. 와봇은 인간의 형상을 모방하는 데 그치지 않고 팔과 다리를 움직여 물건을 옮겼다. 또 눈에 해당하는 센서를 통해 주변 환경을 감지했으며, 간단한 계산을 수행하는 능력까지 갖췄다. 와봇의 등장은 로봇이 인간처럼 스스로 사고하고 행동하는 존재로 발전할 수 있음을 보여준 상징적인 사건이었다.

와봇을 통해 인간의 기본 형태를 구현한 이후 로봇 기술자들은 1980~90년대를 거치며 더욱 근본적인 문제에 도전하기 시작했다. 1990년대에 들어서면서 일본의 로봇 기술은 또 한 번 도약했다.

일본의 자동차 회사 혼다HONDA는 1996년부터 본격적으로 인간형 로봇 개발에 착수해 2000년에 이족 보행 로봇 아시모ASIMO를 공개하며 전 세계의 이목을 끌었다. 아시모는 걷고 뛰는 기본적인 움직임을 넘어 주변 환경을 인식하고 인간과 상호작용하는 능력을 보여줬다. 이러한 기술적 성취는 '로봇은 인간을 돕는 존재여야 한다'라는 철학에서 출발했다. 이는 아톰이 일본 사회와 기술계에 남긴 가장 중요한 유산이라 할 수 있다.

와봇과 아시모로 이어지는 로봇 기술의 발전은 로봇이 도구가 아니라 동반자로서 인간과 협력하며 살아가는 세상으로 향하는 도전과 실험의 과정이었다. 일본의 기술자들에게 있어 로봇은 기술적 도전인 동시에 인간 사회의 일부로 융화해야 할 존재였다. 오늘날에도 로봇은 아톰이 던진 철학적 질문 속에서 발전하고 있으며, 혁신을 거듭하며 새로운 미래를 향해 나아가는 중이다.

1963년 애니메이션 <철완 아톰>의 한 장면_© Tezuka Productions

로봇에게 지능을 줘도 될까?

일본 로봇 애니메이션하면 빠지지 않는 또 하나의 작품이 있다. 바로 1995년 작 〈신세기 에반게리온〉이다. 극 중 등장하는 에반게리온들은 기계 관절이 보이지 않는 팔, 굽은 허리, 상반신에 비해 빈약한 하반신 등 기존 슈퍼 로봇과 굉장히 이질적인 외형을 보여준다.

이 때문에 로봇보다는 오히려 괴수에 가까운 인상이다. 또한 흉곽과 머리 디자인을 제외하고는 개체별로 큰 차이가 없어서 화려하다기보다는 제식형 병기 같은 느낌을 준다. 당시 기준에서 매우 파격적이었던 디자인은 이후에 나온 다양한 작품의 모티브가 됐다.

그러나 '에반게리온'이라는 용어는 엄밀히 따지면 로봇을 뜻하지 않는다. 인조인간, 말 그대로 인간이 창조한 또 다른 인간이라는 뜻이다. 물론 금속제 헬멧과 장갑판이 전신을 감싸고 있어 로봇이라고 오해할 만도 하다. 금속 외장 안에는 뼈와 살로 이뤄진, 피가 흐르는 육체가 숨어 있다. 에반게리온, 즉 에바의 육체는 우리 '인간(릴림)'과 얼핏 비슷한 형태지만 세부적으로는 상당한 차이가 있고 한편으로는 다소 기괴한 모습이다.

여기서 주목해야 할 설정은, 에반게리온이 절대적이고 초인간적인 힘을 가지면서도 지능은 전적으로 인간에게 의존한다는 것이다. 에바의 지능을 담당하는 파일럿은 특수 장비인 플러그 슈트와 인터페이스 헤드셋을 착용한 뒤 엔트리 플러그 안의 콕핏 인테리어, 즉 조종석에 탑승한다.

엔트리 플러그는 LCL이라는 액체로 채워져 있으며, LCL이 파일럿의 폐를 채운 뒤에는 액체 호흡을 하게 된다. 그다음 파일럿은 2차 엔트리를 시작, 인터페이스 접속을 통해 외부 배경이 형성되며 사고 언어 등 세팅을 마친 후 에바를 운용한다.

여기서 파일럿과 에반게리온의 영혼 동조, 즉 '싱크로'라는 용어가 등장한다. 신경 케이블을 통해 파일럿과 에반게리온이 싱크로하면 싱크로율에 따라 에반게리온의 능력이 정해진다. 싱크로라는 과정은 꿈속에서 다른 사람의 몸을 빌려 쓰는 것과 같다. 파일럿은 콕핏 인테리어의 인덕션 레버를 잡은 상태로 에반게리온의 움직임을 생각하고 조종하며, 에반게리온은 그에 따라 움직인다.

이 피드백은 역으로도 작용한다. 조종석에 탄 파일럿이 '앞으로 가고 싶다'라고 생각하면 에바가 걸음을 내딛고, '적을 때려야겠다'라고 마음먹으면 에바의 주먹이 움직인다. 반대로 에바가 다치면 파일럿도 아픔을 느낀다. 싱크로를 통해 에바는 파일럿의 신체처럼 반응하고 움직인다. 이때 에바는 스스로 의사를 갖고 움직이는 게 아니라 '지능'을 맡은 파일럿의 '육체' 역할을 하는 것이다. 싱크로의 의미는 단순한 조종이 아니라 진정한 의미의 '하나됨'이다.

이 설정이 갖는 의미는 인간이 로봇에게 지능을 부여하는 패러다임을 제시했다는 것이다. 이 설정은 전 세계 흥행 성적 1위를 굳건히 지키고 있는 영화 〈아바타Avatar〉 속에서 인간이 나비족, 정확히는 유전공학으로 제작한 나비족 아바타와 동기화하는 방식이기도 하다. 물론 에반게리온에서는 유선 연결을, 아바타에서는 무선 연결을 활용하지만 말이다.

인간은 늘 로봇이 막강한 물리력을 갖는 데 흥미가 있었지만 초인간적인 지능을 갖는 것에는 두려움을 느꼈다. 따라서 에반게리온이나 아바타에서 보여주는, 지능이 없는 인조 생물체(요즘은 이러한 것들도 로봇이라고 부른다)에는 열광하면서도 최근 급격하게 발전하는 AI에는 막연한 두려움을 느끼곤 한다.

이와 관련해 문화 예술 작품이 기술 개발에 얼마나 큰 영향을 끼치는지 보여주는 사례가 또 하나 있다. 일본의 로봇 기업 사이버다인 Cyberdyne 이다. 사이버다인은 웨어러블 로봇을 개발하는 업체로, 쓰쿠바 Tsukuba 대학의 산카이 요시유키 교수가 세운 교수 창업 기업이다.

사이버다인에서 개발한 웨어러블 로봇은 모터를 이용해 엉덩이와 무릎 관절을 보조하는데, 제어 신호를 모터에 인가하기 위해 착용자, 즉 파일럿의 근육에 센서를 부착해 미세한 전기 신호를 측정한다. 따라서 파일럿이 로봇을 착용하려면 몸 여기저기에 센서를 부착해야 하고, 엉덩이 쪽에서는 엄지손가락 굵기만 한 전선 다발이 나온다. 그리고 로봇을 착용한 후 그 전선 다발을 로봇에 꽂는다. 이때 너도나도 이렇게 소리 지른다.

"싱크로!"

사실 사이버다인은 이러한 로봇 운영 방식 때문에 제품 보급에 난항을 겪고 있다. 몸에 센서를 붙이는 과정이 보통 어려운 게 아니고, 땀이 많이 나거나 로봇을 착용하다가 전선이 빠지면 처음부터 다시 시작해야 한다. 그럼에도 이러한 방식에 어색함을 느끼거나 불만이 있는 일본인은 없는 모양이다. 그들에게는 파일럿이 로봇에 들어가 싱크로

사이버다인 창업자, 산카이 요시유키 교수가 웨어러블 로봇을 소개하는 모습_WELT

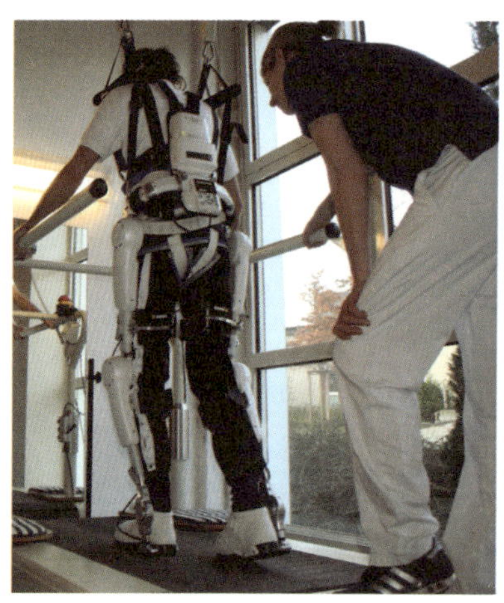

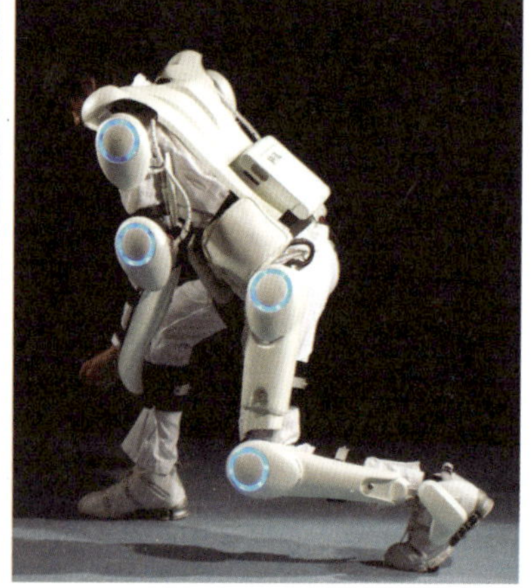

← 하반신 움직임을 보조하는 사이버다인 웨어러블 로봇_robotsguide

→ 만화의 한 장면이 연상되는 사이버다인의 프로토타입_robotsguide

 사이버다인 HAL 소개 페이지　　 사이버다인 HAL 소개 영상

하는 게 당연한 과정일지도 모르겠다.

　로봇과 인간을 결합한 뒤 동작 의도와 감각을 동기화하는 연구는 지금도 계속되고 있다. 일론 머스크가 뉴럴링크^{Neuralink}를 통해 상용화를 추진하고 있는 브레인 칩^{Brain Chip}이 대표 사례다. 브레인 칩 기술의 목표는 두뇌의 피질에 전극을 꽂아 생각의 신호를 읽어내고 외부 감각을 뇌로 전달하는 것이다. 앞서 소개한 근전도 기술이 근육의 전기 신호를 통해 인간의 의도를 읽는 방식이라면, 브레인 칩은 좀 더 본질적인 의도 신호를 읽을 뿐만 아니라 역으로 로봇이 사람에게 감각을 전달할 수도 있다. 영화에서 보던 '싱크로'가 현실에서 이뤄질 날이 머지않았을지도 모른다.

"소피아, 인류를 파괴할 거니?"

　공상 과학 소설이나 SF영화를 이야기하면서 미국을 빼놓을 수는 없다. 미국 로봇이라고 하면 아이언맨, 트랜스포머 등 사람들의 뇌리에 강렬하게 남은 캐릭터들이 떠오른다. 그러나 로봇 기술 발전은 물론 로봇 산업을 정의하는 데도 가장 큰 영향을 준 영화는 단연 1984년 작 〈터미네이터^{The Terminator}〉다. 여러 시리즈가 나왔지만 두 번째 작품에서 그려낸 디스토피아 세계관은 가히 충격적이었다.

　영화 속 스카이넷은 인간이 설계한 자율적인 AI지만, 자신을 인간보다 우월한 존재로 여기며 세계의 지배권을 장악하려 한다. 많은 사람이 로봇과 AI의 접목을 두려워하는 건 어릴 때 본 이 한 편의 영화

탓이라고 해도 과언이 아니다.

터미네이터 속 로봇은 현대에 와서 상당 부분 현실화된 면이 있다. 자연 치유되는 인공 피부나, 인간과 같은 골격 구조로 만들어내는 자연스러운 손가락 동작은 기계적 관점의 기술 발전에 큰 영감을 줬다. 이에 더해 데이터를 취합하고 기계 학습을 통해 행동을 구현한다는 설정, 이 과정에서 사용하는 온보드 AI 칩도 낯설지 않다. 최근 들어 여러 기업이 AI 칩 개발에 열을 올리는 모습을 보면 터미네이터 영화 자체가 타임머신을 타고 30여 년을 거슬러 올라가 현재의 기술을 과거에 소개한 것처럼 보일 정도다.

터미네이터를 감명 깊게 본 사람이라면 유난히 집착하는 설정이 하나 있다. AI 기술로 말과 표정을 구현할 수 있는 로봇에게 "인류를 파괴할 거니?"라고 물어보는 것이다. 실제로 2016년 SXSW 페스티벌에서 핸슨 로보틱스^{Hanson Robotics}의 데이비드 핸슨은 자신이 제작한 휴머노이드 로봇 소피아^{Sophia}에게 "인류를 파괴할 거니?"라고 농담 삼아 물었다. 이에 소피아가 "좋아요. 인류를 파괴하겠습니다."라고 대답해 화제가 됐다.

사실 굳이 로봇이라는 물리적 매개체를 이용하지 않아도 AI 기술만으로 인간 사회를 혼란에 빠뜨릴 방법은 많다. 그러니 로봇 기술 자체가 위험하다고 생각할 필요는 없겠다.

AI가 로봇을 제어하는 과정에서 인간의 통제권이 느슨해지면 좀 더 위험해질 수도 있겠지만, 그렇다고 로봇 자체가 위험한 기술은 아니다. 요즘 스마트폰으로 인해 수많은 사회 문제가 대두됐지만 스마트폰 자체가 위험하지는 않은 것과 같은 논리다.

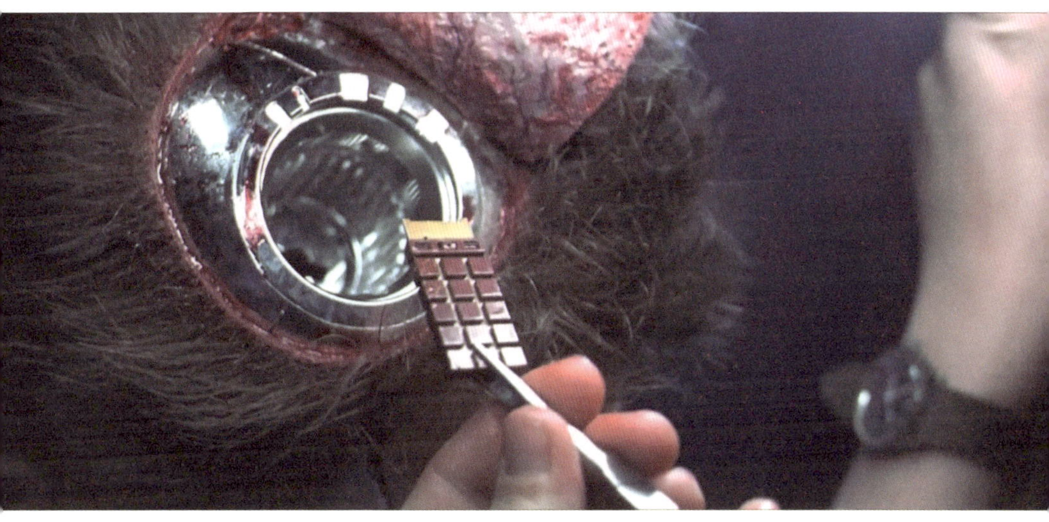

영화 〈터미네이터 2〉에서 구현된 휴머노이드 로봇과 AI 칩의 결합

_"Terminator 2: Judgment Day" (Dir. James Cameron) © 1991 / STUDIOCANAL - All Rights Reserved

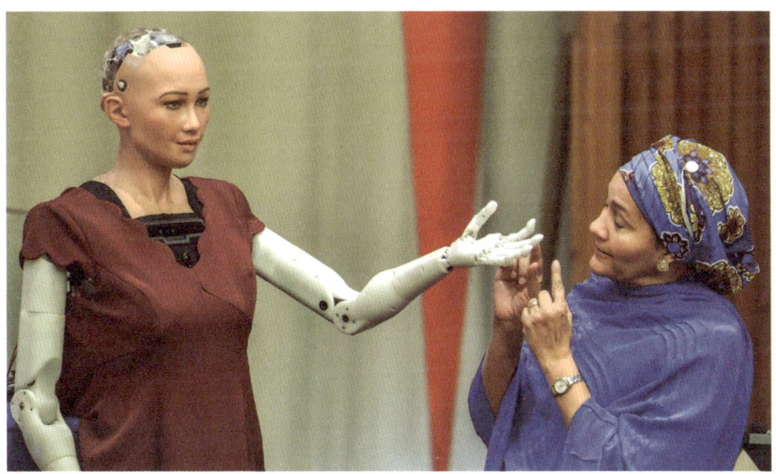

2017년 휴머노이드 소피아가 UN 대사의 질문에 답하는 모습_Guardian News

로봇에 대한
인식의 대전환

로봇을 바라보는 새로운 국면

2011년, 후쿠시마 원전 사고는 로봇 산업에 핵폭탄급 변화를 가져왔다. 그전까지 로봇은 주로 미래에 대한 흥미와 상상, 때로는 호기심과 두려움의 대상으로 여겨졌다. 그러나 이 사건은 "그래서 로봇이 할 수 있는 게 도대체 뭔데?"라는 비판적인 질문을 불러왔다.

그도 그럴 것이, 세계는 '로봇 강국'이라는 이미지를 가진 일본의 기술에 기대를 걸고 있었다. 사고 현장은 사람이 접근할 수 없는 극한 환경이었고, 긴급히 조치하지 않으면 큰 피해가 예상되는 일촉즉발의 상황에서 로봇의 활약이 절실했다. 당시 일본 기업과 대학들은 문제 해결을 위해 다양한 로봇을 재난 현장에 투입했다.

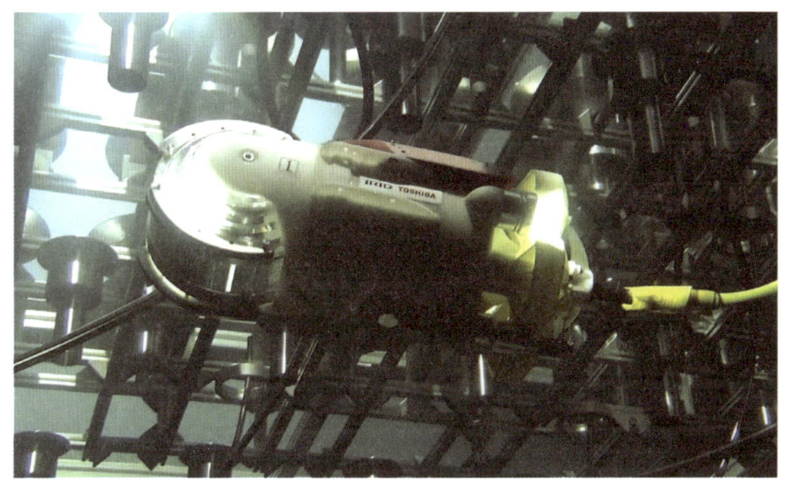

2017년 후쿠시마 원전에 추가 투입된 도시바의 수중 탐사 로봇_BBC

그러나 아쉽게도 원전 중심부에 도달하기도 전에 회로가 방사능에 녹아내리면서 제대로 동작한 로봇은 단 하나도 없었다. 기술적 한계를 변명으로 삼기엔 사람들이 로봇 기술에 건 기대가 너무 컸다. 결국 후쿠시마 원전 사고는 로봇 강국 일본의 이미지를 크게 실추시킨 사건이 돼버렸다.

당시 일본 언론에서는 "로봇 강국이라는 자부심이 오히려 발전을 가로막았다"라는 자성의 목소리가 나오기도 했다. 이후 일본뿐만 아니라 전 세계의 로봇 산업은 기술적 가능성을 논하는 단계를 넘어, 실제 환경에서 실질적인 문제를 해결하려는 실용적 접근 방식을 채택하기 시작했다.

후쿠시마 원전 사고 이후의 로봇들은 대중문화 속 영웅적인 모습과 멀어졌다. 만화처럼 거대하고 강력하기보다는 좁은 공간을 통과하는 탐사 로봇, 벽을 기어오르는 로봇 팔, 방사능을 견디는 특수 장비를 갖춘 로봇들이 등장했다. 이런 시도는 기술의 한계를 극복하려는 로봇공학자들의 새로운 도전이었다. 후쿠시마 원전 사고는 SF 영화 속 판타지를 현실화하는 것에서 벗어나 로봇 산업 전반에 실용적인 혁신이 필요한 시점임을 알린 사건으로 기억된다.

빅 히어로, 소프트 로봇의 새로운 장을 열다

2014년 작 〈빅 히어로 6 Big Hero 6〉는 '디즈니'스러운 로봇 애니메이션 영화 중 하나다. 사실 디즈니 애니메이션 중에는 〈빅 히어로 6〉보다 훨씬 더 크게 흥행한 로봇 영화가 즐비하다. 그럼에도 이 영화가 로봇 산업에 끼친 영향은 앞서 소개한 아톰이나 터미네이터에 절대 뒤지지 않는다.

영화의 배경은 도쿄와 샌프란시스코를 합친 듯한 가상의 도시 '샌프란소쿄'다. 2014년 개봉 당시만 해도 여전히 일본이 로봇 종주국이라는 위상이 있었고, 그래서 이런 설정이 자연스럽게 받아들여졌다.

영화의 주인공인 14세 천재 공학도 히로는 샌프란소쿄에서 캐스 숙모, 형 타다시와 살고 있었다. 그러다 타다시가 의문의 죽음을 맞이하고, 히로는 형이 남긴 치료용 로봇 베이맥스와 함께 사건의 비밀을 파헤친다. 정체를 알 수 없는 가면 쓴 악당이 그를 가로막지만, 히로는 형이 다니던 공대 연구실의 친구들과 함께 맞서 싸우며 샌프란소쿄를 지켜낸다.

주인공들이나 도시 이름만 봐도 일본 문화가 얼마나 강력하게 작용했는지 짐작할 수 있다. 여기서 등장하는 로봇 베이맥스는 엄청난 반향을 일으켰다. 휴머노이드 로봇이지만 차갑고 단단한 기존의 강철 로봇들과 달리 거대한 마시멜로나 보들보들한 베개처럼 푹신한 재질로 만들어졌다. 그래서 사람을 포근하게 안아주거나 받쳐줄 수 있고, 필요에 따라 보호용 슈트를 입을 수도 있다. 많은 사람에게 "로봇이 꼭 딱딱해야 할까?"라는, 아주 간단하지만 근본적인 질문을 던진 셈이다. 아주 오랜 기간 로봇은 강철 덩어리라는 이미지를 가지고 있었는데, 푹신하고 말랑한 배불뚝이도 로봇일 수 있다는 가능성을 연 것이다.

베이맥스의 선풍적인 인기는 부드러운 로봇공학, 즉 소프트 로보틱스^{Soft Robotics}라는 분야가 대중적으로 인기를 끄는 데 큰 역할을 했다. 물론 소프트 로보틱스를 이런 식으로만 정의한다면 거부감을 느끼는 전공자도 있을 것이다. 영화 〈빅 히어로 6〉의 과학 기술 감수는 미국 카네기멜런대학교의 크리스토퍼 앳커슨^{Christopher G. Atkeson} 교수가 맡았다. 영화 이전에도 이미 소프트 로보틱스에 대한 학파가 형성되기 시작하는 분위기였다.

그러나 앞서 말했듯 로봇이라는 분야는 학자들의 호기심과 문학적 상상력이 시너지를 이룰 때 비로소 하나의 패러다임이 될 수 있다. 이처럼 〈빅 히어로 6〉는 단순히 애니메이션 한 편으로 끝난 것이 아니라, 로봇공학에 대한 대중의 관심을 새롭게 불러일으켰다. 베이맥스는 로봇이 인간과의 관계에서 효율적인 도구를 넘어 더 따뜻하고 인간적인 동반자가 될 가능성을 보여줬다.

베이맥스를 닮은 소프트 로봇을 현실로 만드는 우스터 폴리테크닉·카네기멜런대학 연합팀

2015 DARPA 로보틱스 챌린지

다시 후쿠시마 원전 사고 이야기로 돌아가보자. 앞서 언급한 것처럼 이 사고를 계기로 실제 현장에서 작동하는 로봇에 대한 비판적인 시각이 최고조에 달했다. 사고 이후 2015년에 미국 국방고등연구계획국Defense Advanced Research Project Agency, DARPA은 재난 현장을 가장 효과적으로 극복하는 로봇을 다루는 대회, DARPA 로보틱스 챌린지DARPA Robotics Challenge, DRC를 개최하기에 이른다.

이 대회의 핵심은 단순한 기술 경쟁이 아니었다. DARPA 로보틱스 챌린지는 로봇이 재난 상황에서 인간 대신에 얼마나 효과적으로 작동할 수 있는지 평가하는 자리였다. 로봇들은 걷거나 물건을 옮기는 수준을 넘어 계단을 오르고 차량을 운전하는 등 다양한 과제를 수행해야 했다. 실제 재난 현장에서 로봇이 직면할 법한 문제를 그대로 재현한 테스트였다.

대회는 총 2단계로 이뤄졌다. 1차 예선에서 일본의 SCHAFT 팀이 뛰어난 성적을 거두자 일본이 로봇 강국의 자존심을 지킬 수 있을지 기대감이 커졌다. 그러나 SCHAFT 팀은 결선에 참여하지 않았고, 대한민국의 Team KAIST가 우승을 차지했다. 일본에서는 총 5개 팀이 출전했지만 기대에 미치지 못하는 성과를 거뒀다. 일본의 후쿠시마 원전 사고를 계기로 만든 대회였는데, 일본 팀이 순위에 들지 못한 것은 로봇 기술 종주국 자리가 흔들리기 시작했음을 알리는 신호탄이었다.

KAIST의 오준호 교수팀이 이끄는 휴보랩은 DRC-HUBO라는 로봇을 선보였다. 휴보랩은 로봇의 안정성과 다기능성을 앞세워 세계적인 강호들을 제치며 우승을 거머쥐었고, 이는 한국 로봇공학의 우수성을 전 세계에 각인한 역사적인 사건으로 기록됐다.

그리고 이 대회에서 로봇 산업을 논할 때 빼놓을 수 없는 이름이 등장한다. 바로 보스턴 다이내믹스Boston Dynamics다. 1992년에 설립된 이 회사는 이미 빅 독Big Dog 같은 로봇으로 유튜브에서 엄청난 조회 수를 기록한 전적이 있었다. 대회를 치르는 과정에서 뛰어난 능력을 보여준 휴머노이드 로봇, 아틀라스Atlas가 불러온 충격은 아직도 만인의 뇌리에 선명히 남아 있다.

DARPA 로보틱스 챌린지는 로봇 기술의 가능성과 한계를 동시에 드러내며 재난 로봇이 실험적 도구를 넘어 인간의 생명을 지키는 존

DRC-HUBO가 DARPA 로보틱스 챌린지에서 다양한 과제를 손쉽게 해결하는 모습
_카이스트 뉴스 센터

재가 될 수 있음을 보여줬다. 이 대회는 재난 로봇 개발의 중요성을 전 세계에 각인시켰고, 로봇공학 연구자들에게 새로운 과제를 던졌다. 무엇보다 DARPA 로보틱스 챌린지가 드러낸 로봇의 가능성은, 인류가 미래에 찾아올 위기를 기술로 극복할 수 있다는 희망을 남겼다.

이제 '진짜' 로봇의 시대가 온다

유럽 로봇공학의 자존심, 사이배슬론 대회

유럽은 로봇 산업에서 독특한 위치를 차지하고 있다. 산업용 로봇 분야에서는 독일의 쿠카^{KUKA}, 스위스의 에이비비^{ABB} 같은 기업들이 일본의 화낙^{FANUC}과 함께 시장을 주도하며 전 세계 제조업 자동화의 핵심을 담당하고 있다. 그러나 유럽은 기술적으로 우위에 있으면서도 대중에게는 그리 크게 알려지지 않았다. 이러한 유럽 로봇 산업의 문화적·사회적 성향을 가장 분명하게 드러내는 사례가 바로 사이배슬론^{Cybathlon} 대회다.

스위스 취리히 연방공과대학교 로버트 리너^{Robert Riener} 교수가 기획한 이 대회는 2016년에 처음으로 개최됐다. 사이배슬론^{Cybathlon}은 사이보

그 ^{Cyborg}와 경기 ^{Athlon}의 합성어다. 인간의 신체적 한계를 극복하기 위한 최첨단 기술과 도전 정신을 바탕으로, 단순한 기술 경연을 넘어 장애인의 삶을 실질적으로 개선할 보조 기술 개발을 촉진하려는 목적으로 만들어졌다.

사이배슬론이 처음 기획됐을 때 대회명은 International Cyborg Olympic, 즉 '국제 사이보그 올림픽'이었으나 '올림픽'이라는 용어의 저작권 문제로 이름을 바꾸게 됐다. 이 때문에 사이배슬론은 구성과 진행 측면에서 올림픽과 매우 닮았다. 4년에 한 번씩 열리고, 여러 종목으로 구성되며, 예선과 본선을 거쳐 금메달, 은메달, 동메달이 주어진다. DARPA 로보틱스 챌린지가 주제를 정해 비주기적으로 한 번씩 열리는 것과 달리, 사이배슬론은 같은 종목으로 4년마다 열리므로 각

사이배슬론 경기장 풍경_Cybathlon

대회에 출전한 로봇들을 비교해보면 기술의 발전상을 한눈에 알아볼 수 있다.

대회는 전동형 외골격(웨어러블 로봇), 뇌-컴퓨터 인터페이스^{Brain-Computer Interface, BCI}, 의수, 의족, 전동 휠체어 등 8개 종목으로 구성된다. 경기에서는 장애를 가진 파일럿과 기술자들이 협력해 주어진 미션을 해결한다. 이 과정에서 기술 개발과 인간의 경험이 어떻게 조화를 이루는지 보여준다.

여러 종목 중 로봇 기술에 가장 크게 의존하는 것은 바로 '웨어러블 로봇'이다. 정식 명칭은 전동형 외골격 경기^{Powered Exoskeleton Race}로, 하반신 마비 장애인이 웨어러블 로봇을 입고 계단, 험지, 징검다리 등 다양한 미션을 통과하는 방식으로 진행된다. 이 경기에서 필자의 연구팀이 2016년에 동메달, 2020년과 2024년에는 금메달을 차지했다. 세 번의 대회를 치르는 동안 우리나라 웨어러블 로봇 기술은 눈부시게 발전했다. 여기에는 필자의 연구팀이 개발한 장애인용 웨어러블 로봇 '워크온슈트'가 큰 몫을 했다.

2016년에는 장애인 선수의 상체 능력에 의존해 잃어버린 보행 능력을 되살리는 것에 집중했다면, 2020년에는 지팡이를 짚지 않고도 1분 정도는 서 있을 만큼 로봇의 균형 능력이 향상됐다. 보행 속도는 비장애인과 비슷한 수준에 도달했다. 2024년에는 웨어러블 로봇 워크온슈트 F1이 스스로 걸어서 장애인 사용자에게 다가가, 휠체어에 앉은 채 착용하고 일어설 수 있게 됐다. 또한 지팡이를 짚지 않고 10m 이상 보행할 수 있을 정도로 발전했다.

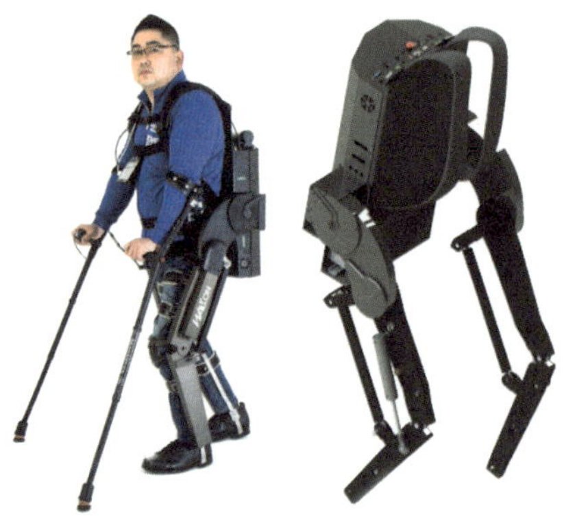

워크온슈트1

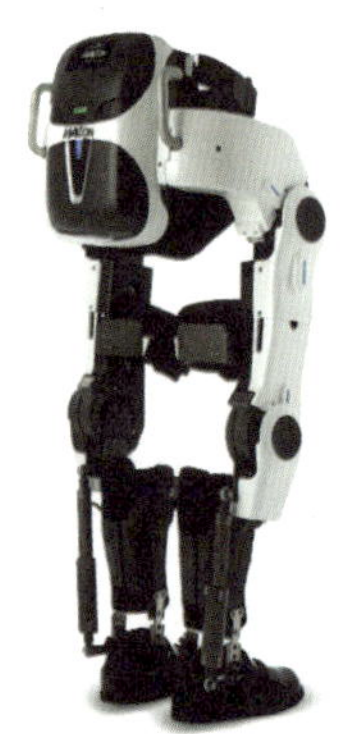

워크온슈트4

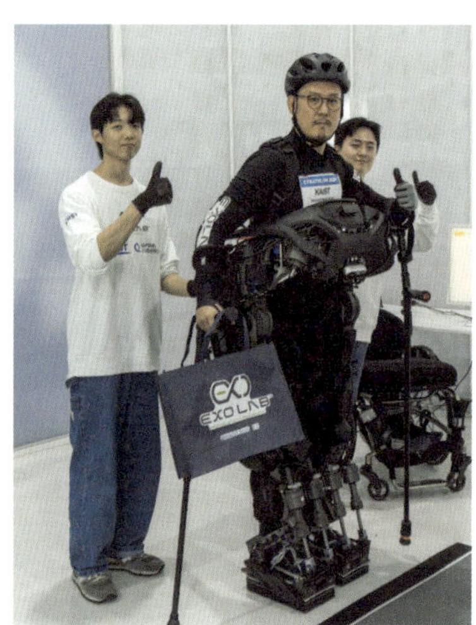

워크온슈트 F1 착용 모습과 설계

그래서 로봇이란 무엇인가

우리는 지금까지 로봇의 발자취를 따라왔다. 영화 속에서, 실험실에서, 산업 현장에서, 그리고 재난 현장에서. 하지만 여전히 "그래서 로봇이 뭔데?"라는 질문에 따른 명쾌한 해답은 나오지 않았다.

로봇의 사전적인 정의는 인터넷을 조금만 뒤져도 쉽게 찾을 수 있다. 위키피디아에서는 로봇을 아래와 같이 정의한다.

> 로봇은 다양한 작업을 자동으로 수행하도록 프로그래밍된 기계 장치다. 프로그램으로 작동하고(Programmable), 사람이 직접 수행할 수 없는 어렵고 복잡하며 위험한 일련의 작업들(Complex series of actions)을 사람 대신 실행하는 기계적 장치다… (후략)

긴 글에서 맨 앞 두 문장을 가져왔을 뿐인데 반론할 거리가 수두룩하다. 로봇은 반드시 '작업'을 해야 하는 것인지, 미리 정의된 동작을 반복하는 것은 '자동'이 맞는지, '위험한' 작업을 하지 않으면 로봇이 아닌 것인지 등등.

이 짧은 정의는 로봇의 진짜 모습을 설명하기에 부족하다. 예를 들어 바리스타처럼 커피를 만들어주는 기계, 춤을 추거나 농담을 건네는 기계도 '로봇'일까? 이렇듯 지금까지 다룬 내용을 잘 읽어보면 로봇의 정의가 모호한 이유를 알 수 있다.

로봇의 진정한 의미

　로봇의 기원은 인문학적 상상력이다. 이후 영화 산업이 발전하면서 인문학적 상상력을 넘어 시청각적 예술의 경지에 이르렀다. 초기 공학자들의 창의성과 지적 호기심은 인문학적 상상력을 쫓아가기에 바빴다. 대중은 영화와 소설 속 로봇에 열광했고, 현실 속 로봇에 실망했다. 따라서 로봇을 공학적으로 정의하는 것은 큰 의미가 없었다. 로봇은 상상력과 기술이 교차하는 지점에서 태어나 끊임없이 변화해왔기 때문이다.

　그러다 후쿠시마 원전 사고 이후 로봇의 실용성에 대한 기대감이 커지기 시작했다. 게다가 비슷한 시기에 컴퓨터 그래픽 기술이 성숙 단계에 도달하고 인문학적 상상력도 포화 단계에 이르면서, 영화 속 로봇이 옛날처럼 대중의 상상력을 자극하기에는 보편적으로 공감하기 어려운 요소가 많아졌다.

　"그렇다면 이제 로봇을 어떻게 정의할 수 있을까?"

　기술자에게 로봇이란 끊임없는 연구와 혁신의 대상이다. 기업가들에게는 미래의 성장 동력이고, 대중에게는 여전히 호기심과 두려움을 동시에 불러일으키는 존재다. 로봇을 예전처럼 하나의 정의로 묶기에는 그 형태와 가능성이 너무나 다양해졌다.

　공학자들은 '로봇'이라는 개념을 각자의 분야에서 저마다 다른 시각으로 풀어내며 다양한 해석과 정의를 제시해왔다. 때로는 이 과정에서 공학적 호기심이 실용성과 사업성의 영역을 넘어서기도 한다. 공학자들은 특정 기술의 상용화 여부와는 무관하게 로봇이 가진 새로운 가능성을 탐구한다.

이런 이유로 새로운 로봇을 내놓은 공학자에게 "이건 정확히 어디에 쓰는 로봇인가요?"라고 물으면 현실적인 답을 내놓기보다는 그들만의 상상력에 기대 답하는 경우가 많다. 마치 열심히 공부하는 학생에게 "정확히 어디에 쓰려고 공부하는 건가요?"라고 묻는 것과 비슷한 상황이다.

그러니 어쩌면 '로봇'을 정의하려고 애쓸 필요는 없을지도 모른다. 로봇은 특정한 형태나 기능으로 고정되지 않는다. 로봇의 진정한 의미는 우리의 상상력과 기술적 도전이 만나는 지점에 있다. 언젠가 로봇이 인간과 일하고 생활하며 일상을 함께하는 날이 오면 우리는 새삼 이렇게 말할 것이다.

"로봇이 언제 이렇게 우리 생활 깊숙이 들어왔지?"

로봇공학자들과 스타트업들은 꿈을 현실로 보여주기 위해 불철주야 노력한다. 미래 먹거리가 필요한 대기업과 정부는 스스로에게, 그리고 대학과 스타트업에 막대한 투자를 아끼지 않는다. 이제 주식 시장에서도 로봇을 빼놓을 수 없게 됐다. 이런 추세라면 로봇 시대가 열릴 날도 얼마 남지 않았다.

PART 2

우리가 꿈꿔온
로봇과의 조우

상상을 현실로 만드는
로봇의 작동 원리

로봇은 어떻게 움직일까?

로봇의 태동에 대해 알아봤으니, 이제 로봇이 기술적으로 어떻게 움직이는지 살펴보자. 로봇을 이해하려면 먼저 로봇이 어떻게 작동하는지 알아야 한다. 모든 로봇의 기본 원리는 피드백 제어 Feedback Control 에 있다. 피드백 제어란 목표와 현재 상태의 차이를 감지하고, 그 차이를 줄이기 위해 지속적으로 조정하는 메커니즘이다.

다음의 블록 다이어그램은 아주 보편적인 피드백 제어 구조를 도식화한 것이다. 이는 일반적이고 보편적인 모든 '변화'를 모델링하고 제어하는 기본 구조다. 가령 특정 속도로 달리고 싶다고 치자. 그러면 우리의 몸은 도식과 같은 정보를 활용해 피드백 제어 시스템을 구성한다.

목표 출력: "이만큼 빨리 가고 싶어!"

측정 과정: "지금 얼마나 빠르지?" (여러 감각으로 현재의 움직임 상태를 확인)

오차: "아, 너무 느리네?" 또는 "어? 너무 빠르네!" (목표와 현재 상태의 차이를 인식)

피드백 제어: "그럼 더 힘내자!" 또는 "좀 천천히 가자!" (행동 의도 결정)

제어 대상: 근육과 골격으로 이뤄진 우리 몸

외란: "앗, 갑자기 바람이 부네!" 또는 "앗, 경사로다!" (예상치 못한 방해 요소)

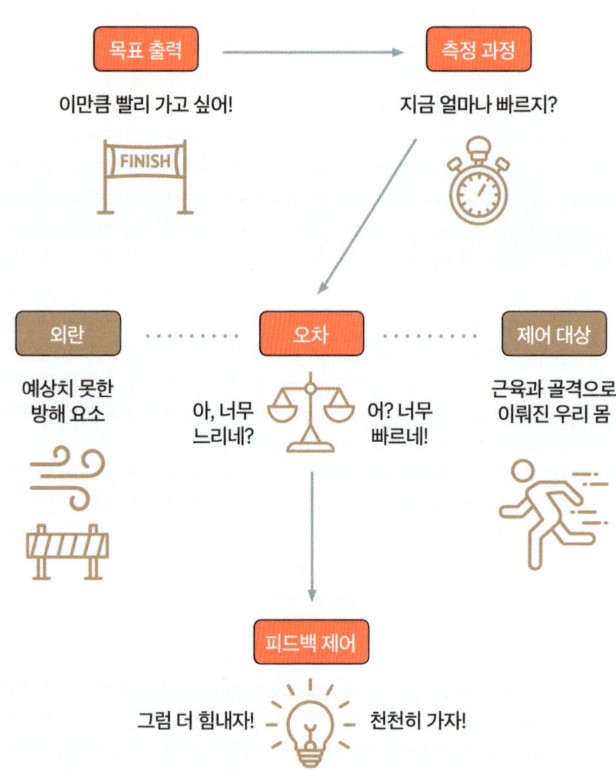

달리기에 비유한 피드백 제어 시스템

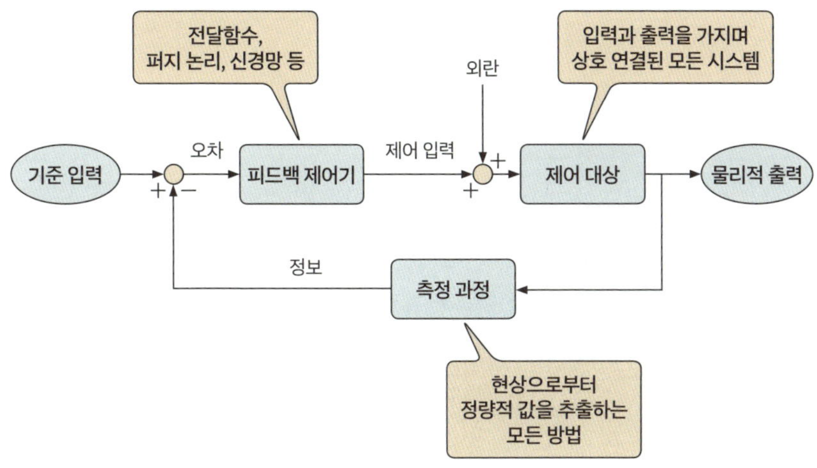

피드백 제어 구조도

아주 간단하게 비유했지만 이게 바로 우리 몸이 예기치 못한 외란, 즉 외부 변수에도 똑똑하게 반응하며 원하는 동작을 만들어내는 원리다. '지금 어떤 상태인지' 확인하고, '목표와 얼마나 다른지' 계산해서 '어떻게 조정할지' 결정하는 과정을 끊임없이 반복한다.

이런 피드백 과정은 우리 일상에서 수도 없이 일어난다. 예를 들어 다이어트를 생각해보자. 우선 목표 체중을 정해놓고 주기적으로 체중계에 올라가 현재 상태를 확인한다. 체중계가 알려주는 측정 정보에서 목표와 현재의 '오차'를 발견하면 운동을 더 하거나 식단을 조절하는 등 '제어 입력'을 수행한다. 이 과정에서 측정 장치 자체의 오차를 의심하면서 괜히 체중계에 오르락내리락하며 평균값을 확인하기도 한다. 겨우 다이어트가 되나 싶다가도 회식과 야식, 갑작스러운 스트레스 같은 '외란'이 계속해서 피드백 제어 시스템을 방해한다. 그래도 포기하지 않고 피드백 과정을 반복하다 보면 목표에 조금씩 가까워진다.

여기서 중요한 점은 블록 다이어그램에 표시한 피드백 제어 시스템의 구성 요소들을 정확하게 파악하고 실행해야 한다는 것이다. 가령 특정한 체중을 정하지 않고 '무조건 살을 뺀다'라는 건 절대 성공할 수 없는 목표다. 또한 내 몸의 특성을 정확하게 파악하지 않고 수많은 다이어트 방법 중 아무거나 선택해서 '제어'하면 좀처럼 살이 빠지지 않는다. 특히 측정이 가장 중요한데, 정확한 정보 없이는 피드백 제어 루프를 형성할 수 없다.

로봇도 이런 식으로 움직인다. 다만 로봇은 우리보다 훨씬 참을성이 좋아서 이 과정을 수천 번 반복할 뿐이다. 피드백 제어 루프가 로봇의 임무에 초점을 맞춘다면 원하는 대로 수행할 때까지 시행착오를 반복할 것이고, 산업용 로봇처럼 정교함에 초점을 맞춘다면 동작의 오차를 최소화하기 위해 모터 입력값을 수도 없이 조절하게 된다. 드론이 바람에 흔들릴 때 자동으로 균형을 잡거나 자율주행 자동차가 속도와 차선을 따라 움직이는 것도 모두 비슷한 원리다.

AI 시대가 됐다고 해서 피드백 제어 개념이 사라지는 것은 아니다. 오히려 강화 학습_{Reinforcement Learning} 같은 최신 AI 기술도 기본 골격은 똑같다. 로봇이 특정 환경에서 명령을 내리고(제어 입력), 그에 따라 행동이 나타난다(제어 출력). 그 결과를 관찰한 뒤(측정) 목표와 비교하면서 직전 제어가 얼마나 이상적이었는지 평가한다. 이어서 더 나은 행동을 시도하는 과정을 반복한다.

피드백 제어 시스템이 가져온 로봇의 발전

앞서 강조했듯 피드백 제어 시스템은 단순히 로봇이 동작을 제어하기 위한 기술뿐만이 아니라, 세상 모든 변화를 이해하는 데 기본이 되는 이론이다. 작게 보면 생물체의 항상성부터 시작해, 크게 보면 사회·경제 시스템까지 해석할 수 있다. 그렇다면 이 대목에서 한 가지 중요한 의문이 생긴다. 피드백 제어 시스템을 제대로 알면 세상이 돌아가는 원리를 어느 정도 예측하고 이를 활용해 가치, 즉 돈의 흐름까지 읽어낼 수 있지 않을까?

피드백 제어의 사고방식은 사회와 경제를 바라보는 여러 이론에서도 자연스럽게 활용되고 있다. 이러한 관점을 다른 영역으로 확장해 보는 일은 독자 각자의 상상과 응용에 맡기고자 한다. 다만 이 책에서는 로봇이라는 구체적인 기술에 집중해 이야기를 풀어가려 한다. 한 가지 분야만으로도 다뤄야 할 내용이 많기 때문이다.

이제 로봇을 잘 움직이게 하는 피드백 제어 요소들을 하나하나 깊게 살펴보자. 첫 번째는 로봇의 임무나 동작의 '목표(Reference)'가 무엇인지 설정하는 기술이다. 목표 설정이 하나의 기술이라고 소개하면 의아하게 여길 수도 있겠다. 그러나 목표를 잘 설정하는 것만큼 중요한 일도 없다. 목표는 현재 상태에서 로봇이 어떻게 행동하고 반응해야 하는지, 또 무엇을 하지 말아야 하는지를 정의하는 기술적인 첫걸음이자 기준이 된다. 같은 로봇이라도 목표 설정에 따라 상황에 맞는 대응 방식이 달라지고, 그 결과 로봇의 행동이 전보다 훨씬 더 다채로워진다.

이 때문에 법과 규제의 대상이 되기도 한다. 따라서 목표 설정은 로봇공학의 영역을 넘어 시장과 잠재 수요를 잘 아는 서비스 제공자들의 기술이기도 하고, 법과 규제 전문가들의 영역이기도 하다. 최근에는 로봇이 어떤 행동과 반응을 하는 게 바람직한지 AI로 결정하려는 시도가 많이 이뤄지고 있다.

이 작은 기술 영역에서만 엄청나게 큰 시장이 형성된다. 사실 목푯값 설정은 언제나 돈이 된다. 로봇과 전혀 다른 분야를 예로 들자면 수험생들에게 목푯값을 정해주는 대입 컨설팅이나 기업들의 경영 목표를 세우는 경영 컨설팅 시장은 매우 크다. 이렇듯 '목푯값 설정'은 어떤 분야에서든 엄청나게 큰 산업이다.

목표를 설정했다면 이제 어떤 '정보'를 측정하고 조합해야 하는지가 중요하다. 이 과정에서 각종 센서와 신호 분석 기술이 활용된다. 가령 로봇의 동작을 정밀하게 측정하는 엔코더 같은 관절 각도 센서는 이미 그 자체로 큰 시장을 형성하고 있다. 초고정밀 관절 각도 센서는 군수 물자로 지정돼 국가 간 교류가 엄격하게 금지될 정도로 중요한 산업이다. 관절을 넘어 로봇 전체의 동작을 측정하는 관성 센서(보통 관성 측정 유닛 또는 IMU라 부른다), 주변 상황을 파악하는 카메라 및 레이더, 라이다 센서 등도 큰 시장을 형성하고 있다.

로봇의 센서 기술과 신호 분석 기술은 자율주행 자동차나 각종 미래형 무기에서도 필수적으로 사용되기 때문에 "로봇 산업이 미래 먹거리 전체를 주도하는 리더 역할을 한다"라고 평가하는 경우도 있다. 센서 및 신호 분석 기술의 중요성과 시장 규모가 잘 와닿지 않는다면 다시 수험생과 기업 경영으로 예를 들어보자.

수험생들은 자신의 실력이 어떤지 측정하기 위해 주기적으로 모의고사를 치른다. 성적이 어떻게 변하고 있는지, 과목별로 어느 부분이 강점이고 약점인지를 분석하려 한다. 이를 위해 목푯값 설정과는 또 다른 대입 컨설팅 시장이 형성돼 있다. 기업을 경영하는 입장도 마찬가지다. 현재 경영 상태를 객관적이고 정밀하게 측정하고 분석하기 위해 수많은 자료 수집과 분석을 수행하고 큰 비용을 지불한다. 필자가 로봇 기술을 적용하고자 노력하고 있는 헬스케어 시장에서는 측정이 곧 돈이며, 가장 큰 시장이다.

목푯값을 정하고 현재 상태를 파악해 그 간극을 확인했다면 이제 그에 걸맞은 제어 입력을 결정하는 기술이 필요하다. 여기에는 제어 알고리즘을 다루는 소프트웨어 기술과, 그 알고리즘을 구현하는 하드웨어 기술이 모두 포함된다. 목표와 현재 상태의 간극을 기반으로 적당한 제어 입력을 결정하는 과정은 크게 두 가지 방법으로 나눌 수 있다. 제어 대상인 로봇 시스템에 대한 '수학적인 모델'을 기반으로 하느냐, 아니면 로봇이 만들어낸 수많은 '데이터'를 기반으로 하느냐다.

그런데 기계 학습 등 AI 기술이 대세가 되면서 '데이터 기반' 제어 알고리즘은 현대적이고, '수학적 모델 기반' 알고리즘은 고전적이라는 인식이 생겼다. 또한 이러한 구조에 따라 제어 알고리즘을 구현하는 하드웨어 기술 및 시장도 형성되고 있는데, '모델 기반'에서는 마이크로프로세서와 FPGA Field Programmable Gate Array 등 실시간 신호 처리에 적합한 회로 기술이, '데이터 기반'에서는 병렬 데이터 처리가 가능한 GPU 또는 NPU Neural Processing Unit (신경망 처리 장치) 기술이 주류가 됐다. 이러한 제어 요소 기술은 그 자체로 이미 큰 시장을 형성하고 있다.

이제 비로소 제어 대상이 되는 '로봇 시스템' 또는 '로봇 하드웨어'에 대해 알아볼 차례다. 로봇 시스템을 소개하기에 앞서, 피드백 제어 이론에 관해 한 가지 생각하고 넘어갈 지점이 있다. 피드백 제어 이론으로 산업을 분석하면 온갖 구성 요소가 드러나고, 이러한 '피드백 제어'가 각각의 분야에서 하나의 산업을 이루고 있다는 것이다.

로봇 산업이라고 하면 보통 눈에 보이는 로봇 시스템만을 생각하기가 십상이다. 그러나 수많은 요소 기술이 모두 함께 성장해야 비로소 피드백 제어 시스템이 완성된다.

로봇 시스템을 구성하는 가장 중요한 하드웨어 요소는 '구동기'다. 예전에는 유압이나 공압도 많이 사용했는데, 최근에는 전기 모터가 주를 이룬다. 그런데 데이터 기반 제어 알고리즘이 로봇 제어의 주류가 되기 시작하면서 예전에는 없던 새로운 요구 조건들이 생겨났다. 실험한 내용을 토대로 시뮬레이션을 구현하는 예전 방식과 반대로, 시뮬레이션을 먼저 진행하고 그 내용을 현실에서 구현하는 구동기, 즉 하드웨어가 필요해진 것이다. 이 과정에서 모터에 요구되는 역할과 성능의 기준도 달라졌다. 따라서 모터를 개발하는 회사라고 해서 모두 로봇용 모터를 개발하는 것은 아니다. 개념이 달라졌고, 제품의 품질을 대변하는 지표들도 달라졌다. 구동기 기술은 센서 기술과 마찬가지로 자동화 산업 전반과 국방 산업에도 영향을 끼치는 중요한 기저 산업이다.

구동기까지 확보했다면 로봇 시스템을 완성하기까지 '로봇 모듈 설계'와 '현장 맞춤 설계' 단계가 남았다. 로봇 모듈 설계란 로봇공학자들이 달라붙어 각기 다른 로봇을 만드는 것이다. 적합한 구동기를 선정해서 조합하고, 그들을 연결하는 기계적 프레임을 설계해 정밀하게 가공한다. 여기에 각종 센서와 회로를 배치하고 패키징하는 일련의 과정을 말한다.

　여기서 앞서 소개한 목푯값 설정, 현재 상태 측정, 제어 알고리즘 등을 각각의 구성 요소로 구분해 정의하는 과정이 무척이나 중요하다. 이 과정 없이 무턱대고 로봇 시스템을 만들기 시작하면 개발이 생각보다 쉬워 보일 수 있다. 중요한 과정을 모두 빼먹었기 때문이다. 물론 이렇게 주먹구구식으로 개발한 로봇이 성공할 확률은 극도로 낮다.

　마치 수험생이 '몇 점, 어느 학교'라는 목표를 설정하지 않고 현재 성적과 역량을 측정하고 분석하지도 않으며, 현실에 따라 공부법을 바꾸지도 않고 그저 '열심히만' 하는 게 오류를 범하기 쉬운 방법인 것과 같다. 물론 이래서는 '어떤 목표도, 정보도 없는 로봇공학자'처럼 좋은 결과를 기대할 수 없다.

　지금까지 피드백 제어 시스템에 맞춰 로봇 산업 전반을 분석했다. 피드백 제어 시스템이란 로봇을 움직이는 데 쓰이는 기본 이론이지만, 좀 더 깊이 들여다보면 여러 산업을 정교하게 분석하고 정책을 기획하거나 펼치는 데도 활용되는 통찰력을 길러준다. 이러한 관점을 통해 로봇 산업을 구성하는 각 요소 기술들이 얼마나 광범위하고 중요한지, 그리고 이들이 어떻게 유기적으로 연결돼 있는지 생각해보길 바란다.

로봇의 뇌, 제어 방식은 어떻게 진화했나

앞서 제어 알고리즘과 제어 시스템에 대해 간단히 살펴봤는데, 이제는 조금 더 자세하게 소개하고자 한다. 로봇의 제어 방식은 위치, 힘, AI 기반 제어로 나뉘지만 생각처럼 단순하지 않다. 실제로는 무엇을 제어하느냐(위치·힘)와 어떤 원리로 제어하느냐(모델 기반·데이터 기반)가 결합되며 AI 기반 위치 제어, AI 기반 힘 제어, 모델 기반 위치 제어 등 다양한 형태로 구현된다.

이러한 제어 방식 선택은 로봇이 목표를 얼마나 정밀하게 따라가는지를 넘어 어떤 작업을 수행할 수 있는지, 주변 환경과 어떻게 상호작용하는지, 그리고 어떤 응용 분야에 적합한지를 결정한다. 다시 말해 제어 방식은 로봇의 성능을 조정하는 수단이 아니라, 로봇의 역할과 성격을 규정하는 설계 선택에 가깝다.

'위치 제어'란 로봇이 지정된 경로를 따라 정확한 위치로 이동하도록 제어하는 방식이다. 정형화된 환경에서 수행하는 반복 작업에 특화돼 있다. 중량물을 정밀 이동시키는 등 주로 위치 정밀도가 필요한 산업 현장에서 쓰인다.

'힘 제어'란 로봇이 외부 환경과 상호작용하며 발생하는 힘을 감지하고 조절해 작업을 수행하는 방식이다. 비정형 환경이나 인간과 협업이 필요한 상황에서 유용하다. 따라서 사람과 상호작용하는 웨어러블 로봇이나 복잡한 환경에서 작업하는 로봇 팔, 그리고 AI 기반 로봇 전반에서 다양하게 활용된다.

최근에는 '임피던스 제어'라는 개념이 중요하게 부상하고 있다. 힘 제어 방식이 환경에 부드럽게 순응하며 대처하자는 개념이라면 임피던스 제어는 얼마나 강인하게, 얼마나 부드럽게 순응할 것인지 제어하는 개념이다. 임피던스 제어는 힘 제어가 가능해진 로봇 시스템에서 소프트웨어인 알고리즘을 통해 외부 환경과의 상호작용 특성을 결정한다.

이 대목에서 '그럼 AI 기반 제어는?'이라는 질문이 나온다. 앞서 소개한 위치 제어, 힘 제어, 임피던스 제어는 어떻게 구동기가 원하는 대로 동작하게 할 것인지 설계하는 방법이라면, AI 기반 제어는 원하는 것이 무엇인지 답을 찾는 과정이다. 로봇이 강화 학습이나 딥러닝을 통해 환경과 상호작용하며 스스로 학습하고 적응해, 특정 환경에서 주어진 임무를 수행하기 위해 구동기들을 가장 적절하게 제어할 방법을 찾는 것이다.

AI 기반 제어를 활용하면 복잡하고 가변적인 환경에서도 로봇이 자율적으로 작업을 수행할 수 있다. 보스턴 다이내믹스의 로봇 개 스팟Spot이나 오픈AI의 로봇 손 닥틸Dactyl 등이 이에 해당한다. 닥틸은 인간의 손을 모방한 강화 학습 기반 로봇인데, 한 손으로 큐브를 조작하는 등 뛰어난 문제 해결 능력을 보여주며 주목받았다.

AI 시대라고 해서 피드백 제어 개념이 사라지는 건 아니다. 오히려 강화 학습 같은 최신 AI 기술도 동일한 기본 골격을 가지고 있다. 강화 학습의 차별점은 로봇이 '스스로 학습하는 능력'에 있다. 전통적인 피드백 제어를 쓰면 사람이 미리 설정한 규칙대로만 동작하는 반면 강화 학습은 수천 번, 수만 번의 시행착오를 통해 로봇 스스로 최적의 전략을 찾아내게 만든다. 수많은 반복 학습을 거치며 더 정교하고 똑똑하게 진화한 행동 지능을 갖게 되는 것이다.

제어 방식의 발전 과정을 살펴보자면 '위치 기반 강인 제어'가 오랜 기간 로봇 산업을 지배했으나, 2015년 DARPA 로보틱스 챌린지를 계

오픈AI의 로봇 손 닥틸_OpenAI

기로 '힘 제어 방식'으로 무게추가 넘어왔다.

위치 제어는 목표한 위치와 각도, 다시 말해 정해진 자세로 정확한 자리에 도달하는 것을 중시하는 방식으로, 정형화된 환경에서는 매우 효과적이지만 예측 불가능한 외부 환경에 취약하다.

각종 논문에 인용되며 각광받은 로봇들이 눈에 보이지도 않는 완만한 경사로에서 맥없이 쓰러지는 모습도 대회에서 자주 보였다. 이에 따라 로봇이 외부의 힘을 인지하고 반응하는 '힘 제어'의 중요성이 부각됐다.

로봇은 사람에게 익숙한 작업을 수행해야 하고, 다양한 과제에 대응해야 하며, 사람과 협력하고 상호작용해야 한다. 로봇은 이제 사람과 도구, 주변 환경과의 상호작용에서 물리적인 힘의 흐름을 섬세하게 제어해야 했다.

그러던 중 보스턴 다이내믹스의 휴머노이드 아틀라스가 압도적인 운동 능력으로 세계를 깜짝 놀라게 했다. 아틀라스는 동역학 모델에 기반한 전신 제어 기법으로 주변 환경과 정교하게 상호작용하며 계단을 오르거나 물체를 던지는 복잡한 동작을 실현해냈다.

이 시점을 전후로 로봇 설계에도 변화가 나타났다. 힘을 직접 제어하는 문제를 넘어, 힘이 만들어내는 동작과 반응을 효과적으로 활용하기 위해 팔다리는 가늘고 가볍게 바꾸고, 구동기와 배터리처럼 무거운 부분은 몸통에 배치하기 시작했다. 이후 전문가들은 로봇의 몸매만 봐도 어떤 제어 방식을 썼겠구나 짐작할 수 있게 됐다.

최근에는 여기서 한 단계 더 나아가 AI 기반 제어의 필요성이 커졌다. 전통적인 로봇 제어에는 사전에 정의된 환경에 최적화된 매개 변수 설정이 필요했지만, 실제 환경은 예측 불가능하고 변화가 많아 매번 미세 튜닝을 해야 한다는 한계가 있었다. 이를 극복하려면 시뮬레이션과 실제 환경의 차이를 최소화할 만큼 정밀한 모델링이 필요하다. 나아가 로봇이 자가 학습으로 무한한 경우의 수를 경험하고 이상적인 동작 전략과 지령을 생성할 수 있어야 한다. 이러한 AI 기반 제어는 크게 두 가지 접근 방식으로 나뉜다.

하나는 '행동을 스스로 생성해서 학습하는 강화 학습'이고, 다른 하나는 '사람의 동작을 모방하는 모방 학습'이다. 여기서 모방 학습은 강화 학습에서 원하는 동작 패턴을 구현하는 세부 방법론 중 하나다. 즉 모방 학습 시에도 강화 학습을 활용하는데, 강화 학습은 '원하는 동작을 가정하지 않는' 반면 모방 학습은 '원하는 동작을 유도'한다. 이러한 차이 때문에 사실 밀접한 관계인 두 방법론이 완전히 다른 것처럼 딱 잘라 구분되는 경우가 빈번하다.

'강화 학습' 기반 제어는 로봇이 주변 환경과 상호작용하며 스스로 최적의 행동 전략을 학습하는 방식이다. 우리가 게임에서 더 높은 점수를 얻기 위해 다양한 전략을 시도하는 것처럼, 로봇도 주어진 목표를 달성하기 위해 수많은 시행착오를 거치며 가장 효과적인 행동 패턴을 찾아간다. 대표적으로 사족형 로봇들이 험난한 지형에서도 안정적으로 움직이는 것이 바로 이러한 강화 학습의 결과다.

만약 실제 환경에서 충분한 데이터를 얻기 어려운 조건이라면 컴퓨터 시뮬레이션이 이 역할을 대신한다. 컴퓨터 시뮬레이션에서는 아무리 많은 시행착오를 거치더라도 전기 외에 큰 비용이 발생하지 않는다. 이에 따라 시뮬레이션을 활용하는 것이 강화 학습의 기본적인 패러다임으로 자리 잡았다. 물론 컴퓨터 시뮬레이션을 활용하려면 실제 물리적인 로봇과 매우 유사하게 동작하는 정교한 시뮬레이션 모델을 구현할 수 있어야 한다.

반면 '모방 학습'은 인간의 행동을 관찰하고 모방하는 방식으로 학습한다. 사람이 물건을 집는 방법, 걷는 모습 등을 대량의 데이터로 학습해 로봇이 인간처럼 자연스럽게 움직이게 만든다. 때로는 시뮬레이션 환경에서 생성된 동작 궤적을 바탕으로 학습하기도 한다. 이러한 모방 학습은 처음부터 무작위로 시행착오를 겪지 않고 더욱 빠르게 안정적인 해답, 수차례 반복해도 신뢰할 수 있는 동작 방식에 도달하도록 돕는 역할을 한다. 최근 테슬라의 옵티머스^{Optimus}나 피규어 AI^{Figure AI}의 휴머노이드 로봇들이 보여주는 부드럽고 자연스러운 동작도 모방 학습의 결과물이다.

모방 학습을 통해 쿵푸를 선보이는 유니트리의 휴머노이드 G1_South China Morning Post 

제어 방식의 진화를 되돌아보면 단순한 기계적 제어에서 지능형 제어로, 더 나아가 로봇이 스스로 학습하고 적응하는 제어로 발전해왔다. 로봇은 이제 정해진 프로그램에 의존하지 않고, 주변 환경을 이해하고 학습하며 스스로 판단하는 존재가 됐다. 이처럼 로봇과 AI의 결합은 기술 발전을 넘어 로봇의 정체성까지 바꾸고 있다.

AI가 바꾸는
로봇의 메커니즘

인간을 닮아가는 로봇들

기본적인 피드백 제어로 시작된 로봇 기술은 이제 더욱 흥미로운 방향으로 발전하고 있다. 특히 인간과 직접 상호작용하는 로봇이라면 로봇이 로봇답게 잘 움직이는 게 전부가 아니다. 같은 동작을 하더라도 인간의 운동 제어 메커니즘을 모방하려는 시도가 늘어나고 있다.

전통적인 산업용 로봇은 단순한 반복 작업에 특화돼 있어 복잡한 생체 모방이 필요하지 않았다. 하지만 사람과 함께 일하는 협동 로봇이나 사람이 착용하는 웨어러블 로봇, 그리고 사람처럼 걷고 뛰는 휴머노이드 로봇은 다르다. 인간의 자연스러운 움직임과 조화를 이뤄야 하기 때문에 인간의 동작 제어 원리를 깊이 이해하고 모방할 필요가 있다.

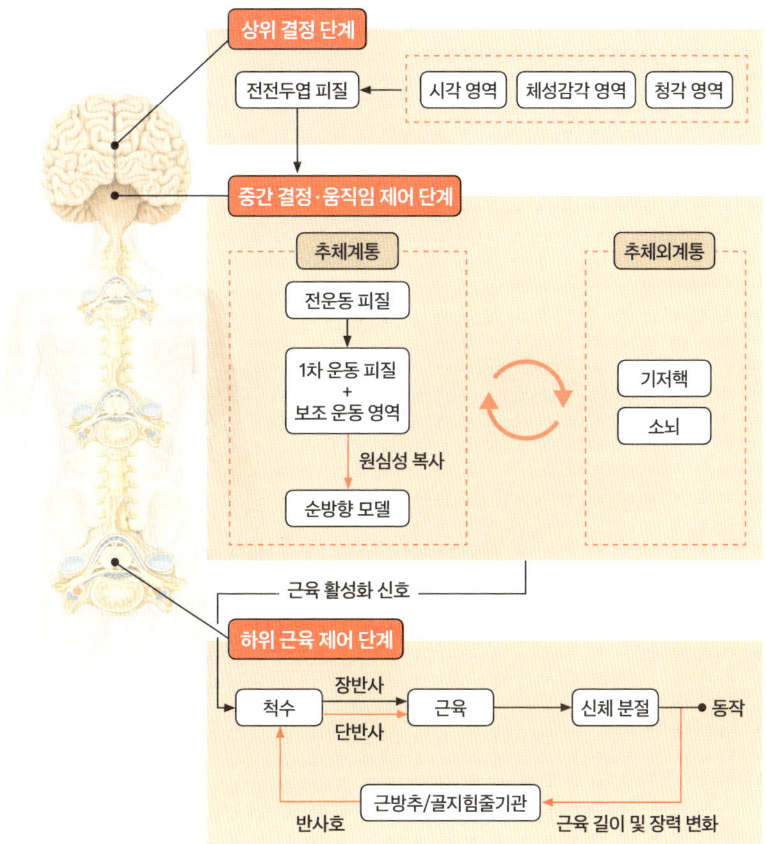

인간 동작 제어 아키텍처(생체공학적 해석)

사람이 움직이는 구조가 로봇과 비슷하다는 사실은 놀랍기도 하고, 새삼스럽기도 하다. 우리 뇌는 여러 층으로 나뉜 회사 조직처럼 움직인다.

특히 사람과 함께 일해야 하는 로봇은 이런 방식으로 만들어야 자

전전두엽: 회사의 CEO처럼 '무엇을 할지' 큰 방향과 목표를 정한다. (가치 판단, 전략 수립, 의사 결정)

전운동 피질: 기획·운영팀처럼 '어떻게 움직일지' 구체적인 실행 계획을 세운다.

기저핵: 중간 관리자처럼 적절한 행동을 고르고, 전체 흐름을 조율한다.

1차 운동 피질과 소뇌: 현장 직원처럼 근육을 직접 움직인다.

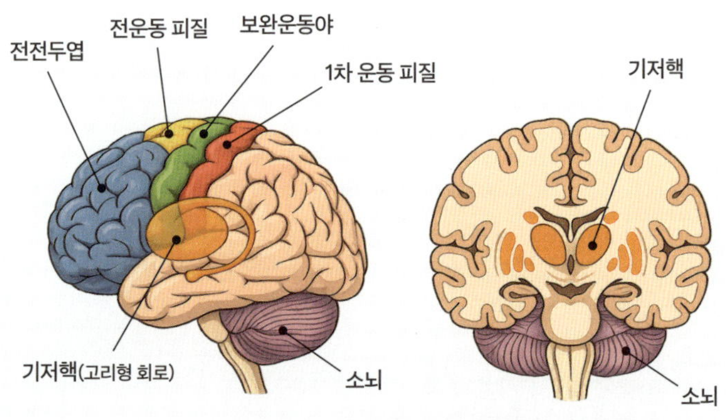

연스럽게 협력할 수 있다. 즉, 사람과 함께 일하는 로봇에겐 인간처럼 '생각하는' 계층적인 구조가 필요하다.

물론 모든 로봇이 이렇게 복잡하지는 않다. 공장에서 같은 동작만 반복하는 로봇은 기본적인 피드백 제어만으로도 충분하다. 그러나 사람 곁에서 협력하는 로봇들은 점점 더 인간처럼 생각하고 움직이는 방향으로 발전하고 있다.

웨어러블 로봇의 인간 친화적 설계

웨어러블 로봇에는 다른 로봇들과 사뭇 다른 제어 알고리즘이 필요하다. 우선 로봇의 동작이나 임무 목표 자체가 로봇을 착용한 사람에게서 실시간으로 도출돼야 하고, 제어를 위해 측정해야 할 데이터도 로봇과 사람 양쪽에 걸쳐 있다. 웨어러블 로봇은 사람과 함께 움직이기 때문에 빠르고 직관적인 제어가 중요하다. 이를 위해 인간의 운동 제어 방식을 모방해 단순하면서도 효과적인 제어 구조를 만드는 방향으로 개발되고 있다. 산업용 로봇처럼 정해진 작업만 반복하는 것과 달리, 웨어러블 로봇은 착용자의 의도를 실시간으로 파악하고 자연스럽게 협력해야 한다는 점에서 완전히 다른 접근이 필요하다.

우리가 걸을 때를 떠올려보자. 뇌에서 '걸어가자'라는 명령을 내리면 개별 근육이 언제 얼마나 힘을 써야 하는지 세부적인 지시는 하지 않는다. 그런 복잡한 계산과 미세 조정은 척수와 근육에서 반사적으로 이뤄진다.

인간의 운동 제어는 크게 세 단계로 나눌 수 있다. '뇌'가 전체적인 의도와 방향을 결정하고, '척수'가 구체적인 동작 패턴을 생성하며, '개별 근육'이 실제 움직임을 실행한다. 이런 계층적 구조 덕분에 우리는 의식적으로 모든 근육을 제어하지 않아도 자연스럽게 걸을 수 있다.

웨어러블 로봇 설계자들은 이처럼 자연스러운 인간의 제어 방식을 참고해 로봇의 동작을 관리하는 계층적 구조를 만들어냈다. 웨어러블 로봇 시스템은 하위 단계인 모터 드라이버로 복잡한 계산 작업을 분산하고, 상위 단계에서는 간단한 명령이나 수치 설정만으로 원하는 동

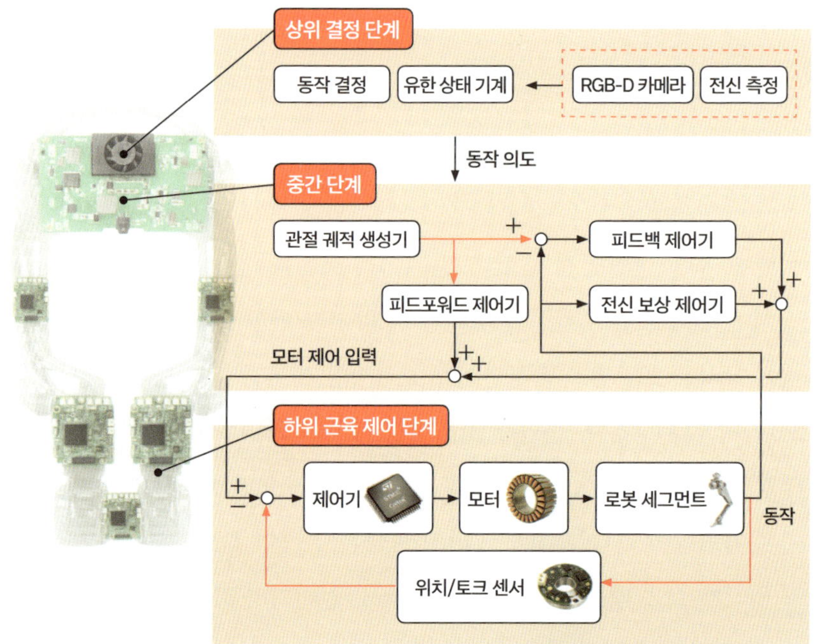

인간 동작 제어 아키텍처(로봇공학적 해석)

작을 수행하도록 구성하는 방향으로 발전하고 있다.

이런 접근 방식은 컴퓨터 프로그래밍이 발전한 과정과 닮았다. 초기 컴퓨터 프로그래밍에서는 0과 1로 이뤄진 기계어로 모든 명령을 작성해야 했으므로 간단한 작업에도 수백 줄에 달하는 복잡한 코드가 필요했다. 하지만 고급 언어가 등장하면서 복잡한 기계어 변환은 컴파일러가 담당하고, 프로그래머는 사람이 이해하기 쉬운 언어로 코딩할 수 있게 됐다. 최근에는 생성형 AI의 발전으로 사용자가 자연어로 명령만 입력해도 코드가 자동으로 생성되는 기술이 상용화되고 있다.

웨어러블 로봇 제어도 같은 길을 걸어간다. 과거에는 로봇이 한 걸음 나아가려면 관절 수십 개의 각도와 움직이는 타이밍, 힘의 세기를 모두 계산해 명령해야 했다. 하지만 현재 제어 시스템에서는 몇 가지 핵심 값만 설정하면 나머지는 로봇이 알아서 처리한다.

사이배슬론 2024 금메달의 주인공인 워크온슈트 F1을 예로 들면, 하반신 마비 장애인이 로봇을 착용하고 걷기 위해서는 수십 개의 센서와 모터가 동시에 작동해야 한다. 그러나 사용자는 조이스틱에 있는 버튼 몇 개만으로 걷기, 앉기, 서기 등 고수준 명령을 내린다. 그러면 하위 시스템이 알아서 무게 중심 이동, 관절 각도 조절, 균형 유지 등 복잡한 계산을 처리한다.

이런 방식이 가능한 이유는 웨어러블 로봇 시스템에 걷기, 앉기, 서기 등 상황에 맞는 동작 라이브러리가 준비돼 있기 때문이다. 이를 통해 사용자의 명령에 맞는 적절한 패턴을 선택하고 실행할 수 있다.

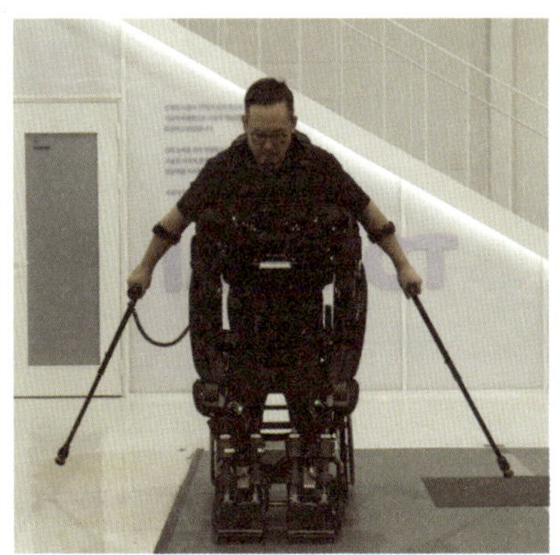
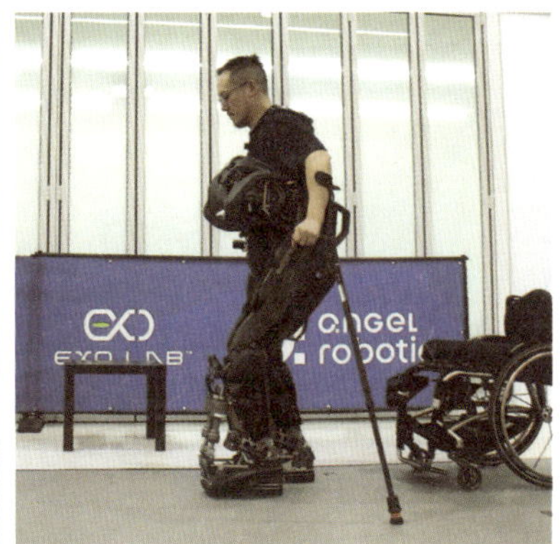

사이배슬론 대회 현장에서 워크온슈트를 제어하는 모습

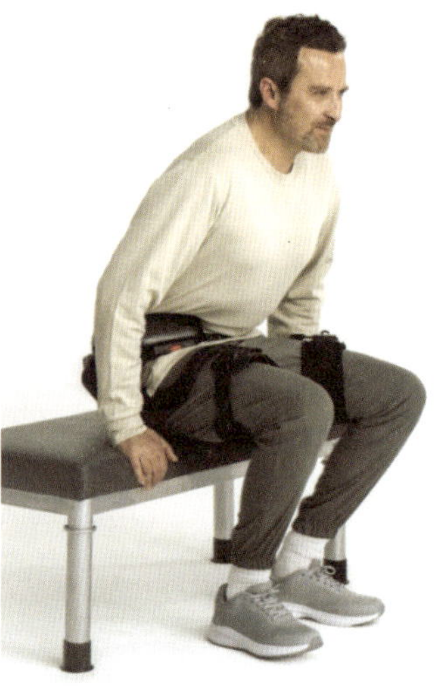

엔젤슈트 H10 사용 모습_엔젤로보틱스

웨어러블 로봇 기술은 이제 한 단계 더 진화하면서 사용자의 행동 의도를 실시간으로 파악하고 동작 상태를 분석하는 알고리즘을 적용하기 시작했다. 대표적으로 보행 훈련용 웨어러블 로봇 엔젤슈트 H10 ANGEL SUIT H10은 부족한 근력을 보완해 사용자가 더욱 자연스럽게 걸을 수 있도록 돕는다. 사용자가 체중을 앞으로 이동하거나 발을 살짝 들어올리면 로봇이 이를 감지하고 무릎과 고관절에 필요한 만큼 보조력을 제공하는 식이다.

이러한 제어 방식의 핵심은 사용자가 로봇의 존재를 의식하지 않고도 자연스럽게 움직임을 이어가게 돕는 데 있다. 기술적으로는 매우 복잡하지만 사용자 경험은 안전하고 직관적이어야 한다는 점이 웨어러블 로봇 제어가 추구하는 방향이다.

이동 방식에 따른 로봇 시스템의 종류

앞에서 로봇의 제어 방식을 자세히 살펴봤다면, 지금부터는 이동 방식에 따라 로봇 시스템의 종류를 구체적으로 소개하려 한다. 다만 이제부터 소개하는 로봇 시스템들은 어디까지나 '제어 대상'으로서 이동 방식에 따라서만 분류한 것이다. 로봇 산업 전체를 아우르는 개념이 아니라는 점을 다시 한 번 강조하고 넘어가고자 한다.

① 바퀴형 로봇
로봇 기술에는 몸통 Base에서 수행하는 작업에 맞는 다양한 이동 방

법이 존재한다. 가장 기본적인 바퀴형부터 이족형, 사족형, 그 이상의 다족형까지 각자의 사용 환경과 작업 특성에 최적화된 기술이 선택된다. 가장 전통적이고 신뢰성 높은 이동 방법이기도 한 '바퀴형'은 제어가 쉽고 넘어질 가능성이 적다는 장점이 있다. 하지만 지형이나 장애물 등에 취약해 이동 반경에 제한이 있다.

바퀴형 로봇의 예시로는 배달 서비스 앱으로 알려진 '우아한형제들'의 '딜리 Dilly'가 있다. 이 자율주행 배달 로봇은 이미 실외 배달 서비스를 시작해 거리를 돌아다니고 있다.[1] 유동 인구가 많은 보행로에서 행인과 장애물을 피할 수 있도록 카메라와 라이다 Light Detection And Ranging, LiDAR (레이저를 발사하고 반사돼 돌아오는 시간을 측정해 주변 환경의 정보를 3D로 생성하는 기술)를 활용하고, 돌발 상황에서 빠르게 경로를 재설정하는 자율주행 알고리즘을 탑재했다.

삼성전자에서는 2024년에 '볼리 Ballie'라는 AI 집사 로봇을 선보였는

삼성 볼리_삼성전자

데, 이 로봇 역시 바퀴를 사용한다. 가정에서 개인 맞춤형 서비스를 제공하기 위해 개발된 이 로봇은 지속적으로 사용자의 패턴을 학습해 진화한다. 사용자의 음성에 따라 명령을 수행하고, 이동할 때는 자율주행 기술을 활용한다. 외출 중 집을 모니터링하거나 사물인터넷Internet of Things, IoT으로 연결된 가전을 관리하는 등 실생활에 필요한 기능도 제공한다.

② 이족형 로봇

애질리티 로보틱스Agility Robotics에서 개발한 '캐시Cassie'는 이족형 로봇이다. 외형에서 알 수 있듯 타조의 신체 구조를 차용했다. 현재 세계에서 가장 빨리 달릴 수 있는 로봇인데, 2022년에는 100미터를 24.73초만에 주파해 당시 이족 보행 로봇 기네스 기록을 세웠다.[2] 특이한 점은 카메라나 외부 센서를 사용하지 않고(사람으로 치면 눈이 없는 채로) 순수

트랙 위를 달리는 캐시_Oregon State University

디즈니 로봇_Disney

한 기계 학습 기반의 균형 유지 기술로 달린다는 점이다.[3]

엄청난 속도로 뛰어다니는 캐시와 달리, 뒤뚱뒤뚱 어딘가 엉성하게 걷는 이족형 로봇도 있다. 디즈니가 만든 이 귀여운 로봇은 일부러 완벽하지 않은 움직임과 과장된 제스처로 사람의 시선을 끄는 존재다. 이러한 접근은 앞선 장에서도 이야기했듯 결국 로봇의 뿌리가 문화 산업에 있음을 다시 한 번 떠올리게 한다.

세계인의 동심을 자극하는 애니메이션 콘텐츠를 보유한 디즈니는 로봇 산업에서도 절대 빠질 수 없는 기업 중 하나다. 애니메이션 속 〈월-E〉를 그대로 옮겨놓은 듯 친숙한 모습을 한 이 로봇은 사람과 상호작용도 가능하다. 고개를 기울이거나 몸을 흔드는 등 강아지 같은 동작을 선보이고, 스피커나 조명을 활용해 기쁨과 분노 같은 감정도 표현한다. 강화 학습을 포함한 기계 학습을 활용해 다양한 감정과 개성을 표현할 수 있도록 설계한 결과다. 디즈니는 이러한 로봇을 디즈니랜드 등 테마파크에서 활용할 수 있도록 발전시킬 것으로 보인다.

한편 이족 로봇이라 할 때 가장 먼저 떠오르는 존재는 바로 휴머노이드 로봇이다. 대표적으로 테슬라의 '옵티머스'가 있다. 2022년 프로토타입이 등장할 때만 해도 몇 가지 제한적인 움직임만 가능한 어설픈 모습이었지만, 2023년 12월에 공개된 2세대 모델은 스쿼트 동작과 정밀한 손동작까지 구현하며 큰 반향을 일으켰다. 달걀을 깨뜨리지 않고 두 손가락으로 집는 모습은 힘 제어의 정밀함을 보여주는 대표적인 장면이다.[4] 최근에는 달리는 모습을 비롯해 사람도 하기 어려운 고난도 동작을 척척 수행하는 장면을 공개하며 휴머노이드 로봇 기술이 정적인 시연을 넘어 동적인 움직임으로 확장되고 있음을 드러냈다. 이

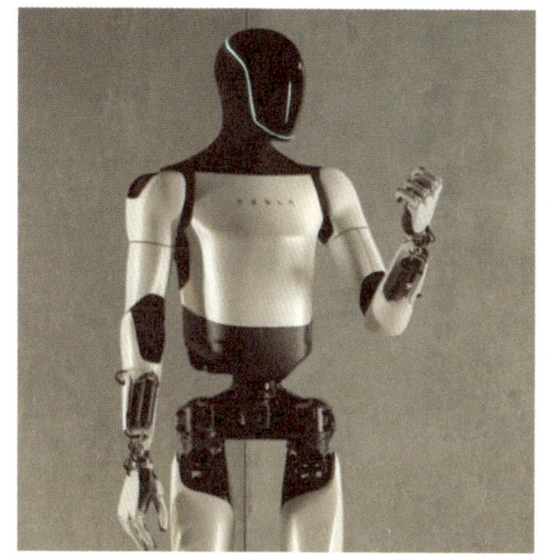 

← **옵티머스**_Tesla　→ **아틀라스**_Boston Dynamics

러한 옵티머스의 연출은 대중에게도 큰 자극으로 다가오며 휴머노이드 시장에 새로운 지평을 열었다.

이족 보행 로봇 시장의 강자로 보스턴 다이내믹스를 떠올리는 사람도 있을 것이다. 전통 강자였던 보스턴 다이내믹스의 아틀라스는 테슬라 옵티머스의 등장으로 왕좌를 공격받으면서 오히려 더욱 '로봇답게' 디자인하는 전략을 폈다. 인간을 너무 닮지 않은 외형에, 인간이 따라

할 수 없는 기이한 동작을 보여준다. 모든 관절에 전기 구동 모터를 사용해 정밀한 제어와 빠른 응답성을 동시에 확보했고, 사람보다 넓은 관절 운동 범위를 활용해 같은 작업이라도 더욱 효율적인 자세와 동작으로 수행할 수 있다.

그다음으로 소개할 로봇은 중국 유니트리^{Unitree}의 휴머노이드 G1이다. 복잡한 지형에서도 자율적으로 걷고 달리는 안정적인 보행 능력이 있고, 3D 라이다 및 깊이 카메라^{Depth Camera}를 탑재해 실시간으로 고정밀 공간 데이터를 획득한다. 무엇보다 놀라운 점은 바로 가격이다. 고작 1만 6,000달러, 우리 돈 약 2,300만 원 정도면 로봇 한 대를 살 수 있다. 알리 익스프레스 같은 중국 쇼핑몰에서 카드로 결제하면 된다.

보통 수억 원을 호가하는 다른 휴머노이드 로봇과 비교하면 산업

1만 6,000달러에 판매되는 G1_Unitree

 유니트리 G1 소개 영상    유니트리 G1 판매 페이지

관점에서 아주 충격적인 일이다. 중국의 저가 공세는 로봇 분야에서도 무서운 바람을 일으키고 있다.

캐나다 밴쿠버에 본사를 둔 생추어리 AI Sanctuary AI의 목표는 인간의 노동을 대신하기 위한 지능형 범용 로봇 개발이다. 피닉스 Phoenix는 2023년 5월 처음 공개된 2세대 프로토타입으로, 키가 약 170cm인 인간형 로봇이다. 실제 사람처럼 걷고 손을 움직이며 다양한 물체를 조작할 수 있다. 특히 20개의 독립적인 자유도(로봇이 독립적으로 움직일 수 있는 관절과 축의 개수)를 가진 손은 섬세한 작업을 수행할 수 있도록 설계했으며, 인간의 촉각을 모방한 센서가 탑재돼 있다. 또한 AI 기술이 적용돼 자연어로 된 작업 지시를 이해하고 수행한다.

마지막으로 푸리에 인텔리전스 Fourier Intelligence의 휴머노이드 로봇 GR1을 보자. GR1은 재활 치료 지원과 신체적 도움을 제공하는, 비교적 명확하고 현실적인 역할을 목표로 설계된 로봇이다. 40개의 자유도를 바탕으로 걷기, 앉기, 물건 잡기 등 다양한 동작을 수행하며 최대 50kg까지 들어올리는 힘도 갖췄다.

GR1은 병원이나 요양 시설에서 환자를 보조하거나 노약자를 돌보며, 경량 물류 작업 등 다양한 분야에서 실증 테스트를 진행하고 있다. 향후 범용 서비스 로봇으로 분야를 확장할 가능성도 열려 있다.

③ 사족형 로봇

이번에는 사족형 로봇들을 알아보자. 대표적으로 많이 알려진 보스턴 다이내믹스의 '스팟 Spot', 일명 '로봇 개'가 있다. 다양한 지형에서 임무를 수행하도록 만들어졌으며 여러 센서와 추가 모듈을 활용해 탐사

섬세한 손재주를 보여주는 피닉스_Sanctuary AI

자유로운 활동과 상호작용이 가능한 GR1_iF Design Award

및 정찰, 산업 현장 보조, 택배 운반 등의 임무를 수행한다. 최근에는 도널드 트럼프 미국 대통령의 경호에 투입돼 화제가 되기도 했다.

또 다른 사족형 로봇으로 애니보틱스^{ANYbotics}에서 만든 애니멀^{ANYmal}이 있다. 험난한 지형에서도 안정적으로 움직일 수 있어 사람이 오가기 힘든 험지를 탐사하는 데 활용된다. 이런 능력의 비결은 '강화 학습' 알고리즘을 적극적으로 적용한 데 있다. 앞서 소개한 로봇들이 주로 사전에 학습한 환경과 동작을 정교하게 구현했다면, 애니멀은 여기에 더해 수천, 수억 번의 컴퓨터 시뮬레이션으로 반복 학습하며 사전에 정의하지 않은 지형에 가져다 놔도 유연하게 대응한다.

다음으로 고스트 로보틱스^{Ghost Robotics}에서 만든 비전60^{Vision60}은 방위 산업에 초점을 맞춰 개발한 사족형 로봇이다. 비전60은 극한 지형에서도 안정적으로 이동하도록 설계한 고기동 로봇으로, 특히 실용성이 강조돼 산업 및 군사 분야에서 활용 가능성이 크다. 작업별로 다양한 장착물을 탑재할 수 있어서 센서, 카메라, 통신 장비 등은 물론 2021년에는 소총을 탑재한 시제품을 공개하기도 했다. 또한 무인 자율주행 기능과 원격 조작 기능을 모두 갖춰 다양한 환경에서 유연하게 작전을 수행할 수 있다. 이러한 기능은 위험 지역 병력 투입을 줄이고 군사 작전의 효율성과 병력 생존율을 높이는 데 기여한다.

이러한 사족형 로봇들은 애플리케이션에 따라 기본 구조에 여러 모듈을 장착할 수 있어 활용법이 다양하다. 라이다 모듈, 팔 모듈, 바퀴 모듈, 카메라 모듈 등을 달 수 있고 여러 모듈을 한번에 장착할 수도 있다. 감시, 정찰, 자율주행 등 용도에 따라 모듈을 바꾸면 된다.

심지어 미국의 화염 방사기 제작 업체 쓰로우플레임^{Throwflame}에서는

다양한 임무를 수행하는 스팟

_Boston Dynamics

험한 지형에서도 안정적인 애니멀

_ETH Zurich

극한 지형에서 임무를 수행하는 비전60

_Ghost Robotics

사족형 로봇에 화염 방사기를 달아 판매하기 시작했다. 해당 기업에서는 눈을 녹이거나 잡초를 제거하는 등 농업 관리나 생태 보전을 위해 개발한 로봇이라 해명했지만 로봇을 무기화하거나 범죄에 악용할 수 있다는 우려를 피할 수 없었다. 당연하게도 이런 무분별한 로봇 개발 시도는 반드시 경계해야 한다. 목푯값 설정 과정에 많은 법과 규제 산업이 얽혀 있다는 사실을 다시 한 번 기억할 필요가 있다.

④ 다족형 로봇

마지막으로 살펴볼 이동 방식은 '다족형'이다. 말 그대로 여러 다리를 가진 로봇이라 곤충과 닮았다. 헥사포드Hexapod는 다리 6개를 갖춘 곤충형 구조를 가리키는 용어로, 대체로 방사형이다. 독일 카를스루에 국립 공과대학 KITKarlsruhe Institute of Technology의 라우론Lauron 시리즈나, 아크롬 로보틱스Acrome Robotics의 헥사포드 키트Hexapod Kit 같은 연구·교육용 로봇이 대표적이다.

멀티포드Multipod는 8개가 넘는 다리를 가진 지네형 로봇을 지칭한다. 생체 모방 로봇공학 및 동적 시스템 연구실Bio-Inspired Robotics and Dynamical Systems Lab, BIRDS Lab 등 여러 연구실에서 12족 구조로 분리가 가능한 실험용 로봇을 개발해왔다. 다족형 로봇은 다리 수가 많아 안정성이 뛰어나고, 다리 몇 개가 고장 나더라도 계속 움직일 수 있다. 반면 다리 수가 늘어날수록 제어가 복잡해지고 에너지 효율이 낮아진다는 단점도 있다.

이러한 특성 때문에 다족형 로봇은 주로 특수 환경 탐사나 연구, 교육 실험 용도가 대부분이다. 최근에는 쉽게 코딩을 배울 수 있는 아두이노Arduino 기반의 소형 헥사포드 키트와, 소비자들이 직접 조립·프로그래밍할 수 있는 다족 로봇이 등장해 로봇 교육과 취미 시장에서 인기를 끌고 있다.

곤충을 닮은 헥사포드 로봇_Acrome Robotics

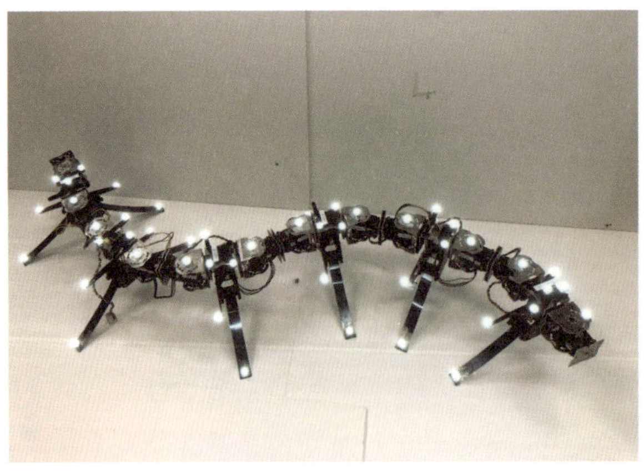

지네가 연상되는 멀티포드 로봇_BIRDS Lab

일상에 스며든
로봇 산업

로봇은 더 이상 인문학적인 상상에만 머무르지 않는다. 공학자의 지적 호기심과 창의력에 의해 그 종류가 기하급수적으로 늘어나고 있다. 공학자들은 자신의 호기심이나 아이디어에 관한 대중의 공감을 끌어내기 위해 사람들이 현실에서 직면하는 어려움을 '문제 정의'로 내세우기 마련이다. 이 과정에서 기업가와 다른 점은 공학자들이 지적 호기심에 걸맞은 문제를 찾는 데 초점을 둔다면, 기업가들은 시장의 수요와 사업성을 고려하여 실용성 있는 기술적 해결책을 모색한다는 것이다.

공학자들은 로봇에 대한 대중의 기대와 자유로운 상상력을 더해 매일같이 다양한 로봇을 만들어내고 있다. 우리가 흔히 떠올리는 공장 속 거대한 로봇 팔부터 시작해 식당에서 서빙을 돕는 로봇, 가정에서 청소하는 작은 로봇까지 그 모습과 역할은 천차만별이다. 심지어 최근에는 사람처럼 걸어 다니는 휴머노이드 로봇이나 대화하며 표정을 짓는 로봇, 몸에 착용할 수 있는 웨어러블 로봇까지 상용화되고 있다. 이 장에서는 사용 목적에 따라 로봇의 종류를 살펴보고 실제 사례를 소개하고자 한다.

일반 서비스 산업

① 청소 로봇

앞서 살펴본 로봇들은 신기하기는 하지만 막상 우리 주변에서 쉽게 접하기는 어렵다. 그러나 서비스를 제공하는 로봇들은 이미 우리 삶 가까이에서 활약 중이다. 이러한 로봇들은 대중과 친밀감을 형성하며 생활을 더욱 효율적이고 편리하게 만들어준다.

가장 친숙한 존재는 바로 '청소 로봇'이다. '로봇 청소기'라는 이름이 더 익숙하며, 이제는 가전제품으로 여겨질 만큼 자리 잡았다. 가성비 좋은 제품부터 프리미엄 제품까지 다양한 브랜드가 시장을 형성했고, 산업은 이미 성숙 단계에 들어섰다.

하지만 가정에서 쉽게 볼 수 있는 로봇이라고 만만히 여겨서는 안 된다. 이 작은 로봇 안에 집약된 첨단 기술에는 로봇공학자들의 자부심이 담겨 있다. 자율주행을 위한 실시간 매핑 슬램Simultaneous Localization And Mapping, SLAM 기술, 비전 인식을 통한 장애물 회피 기술 등 재주가 아주 많다. 요즘 청소 로봇은 단순한 흡입 기능을 넘어서 뜨거운 스팀을 분사해 살균 효과를 내거나 바닥을 물걸레질하기도 하고, 사용한 걸레를 세척하고 건조하는 과정까지 자동으로 처리하는 등 한층 진화한 성능을 보여준다.

청소 로봇은 기술적으로도, 산업적으로도 의미가 크다. 서비스 로봇 분야에서 드물게 확실한 시장성과 수익성을 입증한 사례이기 때문이다. 전 세계 시장 규모는 수십조 원에 이르며, 실제로 수많은 기업이 이 분야를 중심으로 성장했다. 첨단 로봇 기술이 우리 일상 속으로 스며들어 성공적으로 자리 잡은 대표적인 예라 할 수 있다. 이처럼 기술적으로는 놀라울 만큼 발전했지만, 아이러니하게도 청소 로봇은 로봇 공학자들에게 있어 뼈아픈 존재이기도 하다. 이렇게 완성도 높은 기술

장애물을 감지하고 경로를 수정하는 로봇 청소기_Roborock

을 갖춘 로봇이 어느새 가전제품의 범주로 편입됐기 때문이다. 이 지점에서 자연스럽게 이런 질문이 생긴다. "로봇 청소기는 로봇일까, 가전제품일까?" 이 질문에 관한 이야기는 다음 장에서 조금 더 깊이 들여다보자.

② 배송·물류 로봇

일상에서 볼 수 있는 로봇으로 배송·물류 로봇도 있다. 라이다 기반 매핑 시스템을 이용하는 배달 로봇은 울퉁불퉁한 보도블록은 물론 계단까지 오르내리며 밤낮없이 커피 심부름을 할 수 있다. 실제로 우리나라에서 이러한 배송 로봇 상용화를 시도하는 중이다. QR 코드 속 영상처럼 음식을 배달하는 모빈 Mobinn 로봇을 거리에서 만날 수 있다.

물류 센터에서는 보스턴 다이내믹스에서 만든 상하차 작업용 로봇 스트레치 Stretch 가 활약한다. 스트레치는 팔 끝에 흡착식 '스마트 그리퍼'가 달려 있어 최대 23kg에 달하는 상자를 시간당 최대 800개나 처리할 수 있다.

물류 창고를 누비는 자율주행 물류 로봇 AMR Autonomous Mobile Robot 도 빠뜨릴 수 없다. 이 로봇은 주행 센서와 매핑 기술을 활용해 선반을 통째로 들어 옮기거나 분류한다. 아마존의 '키바 Kiva'가 대표적이며, 국내에서도 CJ대한통운, 쿠팡, 네이버 등 여러 기업이 AMR을 도입해 물류 효율을 높이고 있다. 이처럼 로봇이 산업 현장의 부담을 덜어주는 사례는 물류 자동화가 어떻게 구현되는지를 잘 보여준다.

계단을 타고 올라가는 배달 로봇 모빈_위클리한국주택경제신문

③ 안내·서빙 로봇

안내·서빙 로봇은 이제 일상에서 흔히 볼 수 있는 존재가 됐다. 일상에서 접하는 안내·서빙 로봇은 비교적 단순한 구조로, 대부분 바퀴로 이동하며 디스플레이로 상호작용한다. 이 로봇들은 다양한 사업장에 도입됐으며 홀 서빙, 공항 안내, 대형 쇼핑몰 안내 등 목적에 따라 생김새도 조금씩 다르다.

이 중 실제로 로봇이라고 불릴 수 있는 부분은 하단의 이동형 플랫폼이고, 그 위에 어떤 장치를 올리느냐에 따라 서비스의 성격이 달라진다. 대표적인 사례로는 LG전자의 '클로이CLOi ServeBot', 배달의민족이 도입한 서빙 로봇(퓨처로봇·베어로보틱스 협력) 제품들이 있다.

한편 안내·서빙 로봇의 기술적 확장 가능성을 보여주는 사례로 현

흔들림을 최소화해 안정적인 서빙과 운송이 가능한 현대 MobED_현대자동차그룹

대자동차그룹의 소형 이동 플랫폼 'MobED'를 들 수 있다. 이 로봇은 흔들림을 최소화해 안정적으로 주행하는 구조 덕분에 목적에 따라 다양한 서비스 모듈을 얹어 활용할 수 있다.

안내 로봇 분야의 새로운 시도로, 시각 장애인에게 길을 안내하는 로봇도 있다. 영국 글라이던스^{Glidance}의 글라이드^{Glide}는 AI가 탑재된 바퀴 달린 지팡이라고 할 수 있다. 사용자가 손에 쥐고 사용하는 이 로봇은 내장된 카메라와 센서 등을 활용해 실시간으로 주변 환경을 분석하고 장애물을 피하며 사용자를 목적지까지 안전하게 안내한다.

또한 사용자의 보행 속도와 움직임에 맞게 상호작용하며 자연스럽고 직관적인 길 안내가 가능하다. 기존 안내견이나 점자블록의 한계를 보완하는 보조 기기로 주목받고 있다.

시각 장애인과 노인을 돕는 안내 로봇 글라이드_Glidance

특수 전문 서비스 산업

다음으로 전문적인 목적을 가진 특수 산업군에서 사용되는 로봇들을 알아보자. 군사 분야나 우주 탐사처럼 고도의 기술이 요구되는 특정 작업 환경에서 전문성을 발휘하는 로봇이다.

① 군사 로봇

'군사 로봇' 중 하나인 플리어FLIR의 센토Centaur는 위험 지역을 탐색하고 폭탄을 제거하는 임무를 수행한다. 궤도형 바퀴 구조에 다관절 로봇 팔을 갖추고 있으며, 원격으로 정밀하게 조작된다. 이 로봇은 군사 및 경찰 작전에 사용되며 위험 상황에서 병력을 보호하는 역할을 한다. 현재 미 육군과 해군에서 폭발물 처리 등 다양한 임무에 실전 배치해 사용 중이다.[5]

네 발로 걷는 '로봇 개'도 군사 로봇의 한 유형으로 주목받는다. 대표적으로 앞서 소개한 고스트 로보틱스의 비전60이 있다. 원래는 감시·정찰, 물자 운반, 위험 지역 탐사 등 지원 임무를 위해 개발됐으나 일부 국가에서는 무기 탑재 실험도 진행한 바 있다. 실제로 미국과 우크라이나에서 시험적으로 정찰 임무와 물자 운송에 활용됐다.

이런 로봇들이 본격적인 전력화 단계에 이른 것은 아니지만 다양한 전력화 시나리오를 바탕으로 실제 전장에서 사용할 수 있을지 검

무기를 장착하고 군인의 통제를 받는 로봇 개 스팟_The Times

토 중이다. 그러나 아직 드론만큼 파괴적인 전력으로 인식되는 단계는 아니다.

전쟁이라 함은 상대편에게 피해를 입혀서 결국에는 어느 한쪽으로 전세가 기울어야 하는 싸움이다. 그런데 사람 대 사람이 아닌 로봇 대 로봇의 싸움을 과연 전쟁이라 부를 수 있는 걸까 하는 반론도 있다. 가령 드론이 사람을 공격하면 분명 전쟁이지만, 드론과 드론이 서로 미사일을 주고받아서 한쪽이 격추되는 경우는 어떤가? 서로 물자만 소모하는 싸움도 전쟁이라 할 수 있는지 다양한 의견이 나오고 있다. 따라서 영화에서 묘사되는 로봇끼리의 전쟁을 아주 가까운 미래에 보기는 힘들 것 같다는 게 필자의 생각이다.

② 우주 로봇

우주 로봇은 지상에서 쓰이는 물류 로봇과 원리는 유사하지만 우주라는 극한 환경에서 임무를 수행한다는 점에서 차이가 있다. NASA에서는 퍼서비어런스Perseverance라는 탐사 차량 로봇을 활용해 화성의 지질학·기후학적 정보를 수집하고 있다. 실제로 퍼서비어런스는 2021년 최초로 화성에서 암석 샘플을 채취하고 밀봉해 저장하는 데 성공했으며, 이 샘플은 향후 지구로 가져와 분석할 예정이다.[6] 2023년에는 중국도 달 뒷면에 탐사 로봇을 착륙시켜 광물을 채취하는 데 성공했다. 중국은 이제 2030년까지 달에 유인 우주선과 탐사 로봇을 보내기 위한 프로젝트 진행에 속도를 내고 있다. 우리나라도 비슷한 시기인 2032년까지 달 착륙을 목표로 한국형 달 탐사 로봇을 개발 중이다.

우주 정거장에서 활용되는 로봇도 있다. NASA의 자율 비행 로봇

화성 탐사 로봇 퍼서비어런스_NASA

에스트로비 Astrobee가 그중 하나다. 영화 〈인터스텔라〉에 등장하는 네모 난 AI 로봇 '타스'를 떠올리면 이해하기 쉽다. 에스트로비는 자율 비행 로봇 시스템으로서 우주 비행사를 돕고 필요한 물품을 운반하는 역할을 한다. 한편 일본의 기타이 GITAI 사에서는 인치웜 Inchworm이라는 모듈식 다관절 로봇 팔을 국제 우주 정거장에 투입해 이미 실증 테스트를 마쳤다. 인치웜은 사람이 직접 우주 공간에 나가지 않고도 정거장을 유지 보수할 수 있도록 지원한다. 2024년 실제 우주 정거장 외부에서 태양광 패널을 조립 정비하는 데 성공하며 향후 위성 및 우주 기지 건설처럼 다양한 인프라 작업에 활용할 계획이다.

③ 해양·극지 탐사 로봇

또 다른 극한 환경인 심해를 탐사하는 로봇도 있다. 스탠퍼드대학교에서 만든 오션원K OceanOneK는 수심 1,000m에 달하는 깊숙한 바다까지 내려가 탐사할 수 있다. 중요한 것은 사람이 실제로 바다에 들어가는 게 아니라, 사람의 얼굴과 팔을 모방한 로봇을 원격 조종해 다이버처럼 활동할 수 있다는 점이다. 조종사는 수면 위에서 로봇이 보내는 영상을 보고, 햅틱 피드백을 통해 로봇이 만지는 것을 느낄 수 있다. 덕분에 인간이 위험에 노출되지 않고도 심해를 탐사할 수 있게 됐다. 실제로 오션원K는 2022년 지중해의 해저 유적을 탐사하며 고대 선박과 유물을 발견하는 성과를 거뒀다.[7]

2025년에는 중국 베이항대학교 연구진이 심해 탐사 로봇 다모드 Damode를 마리아나 해구에 투입해 수심 10,666m 잠수에 성공했다. 무게가 약 2.7kg에 불과한 소형 로봇이지만 두 가지 기동 방식을 가진 특수한 스냅 스루 Snap-Through 구조 덕분에 가재처럼 기어 다니거나 가오리처럼 헤엄칠 수 있다.

한편 극지 탐사용 로봇은 혹한 환경에서 사람을 대신해 임무를 수행한다. 미국 카네기멜런대학교가 개발한 자율주행 설상차 로봇은 남극 연구 기지에서 장비와 물자를 운반하며, GPS와 라이다 기반 항법으로 눈보라 속에서도 안전한 경로를 찾는다. 일본 국립극지연구소에서는 극저온 환경에서 자율적으로 이동하며 대기와 지질 데이터를 수집하는 소형 로버를 실증 중이다.

극지 탐사 로봇은 인류가 직접 발을 디디기 힘든 환경에서 과학 연구와 물자 수송을 가능하게 한다. 동시에 지구 환경 변화와 기후 위기

수중 탐사 로봇 오션원K_Stanford University

중국 베이항대학교 다모드_Damode

를 연구하기 위한 필수 도구로 자리 잡고 있으며, 장기적으로는 달·화성과 같은 우주 탐사와도 기술적으로 연결되는 영역이다.

④ 유지 관리·보수 로봇

유지 관리와 보수를 위한 로봇 중에는 미국의 OC 로보틱스에서 만든 스네이크암SnakeArm이 있다. 이름 그대로 뱀처럼 길고 유연하게 움직이는 팔 로봇이다. 대형 내시경 로봇이라 생각하면 이해하기 쉽다.

유연한 구조 덕에 협소하거나 위험한 환경에서도 작업할 수 있으며 머리 부분에 카메라나 조명, 절단기 등을 장착해 활용한다. 뱀처럼 몸을 구부리며 좁은 관 속을 유연하게 이동하므로 사람이 직접 들어가기 어려운 배관이나 기계 내부를 정밀하게 살필 수 있다. 이 로봇을 사용하면 실제로 땅을 파지 않고도 지하 누수나 누유를 확인할 수 있어 배관 검사 과정에서 부담이 크게 줄어든다.

좁은 공간을 내시경처럼 탐사하는 스네이크암_OC Robotics

　이러한 장점 덕분에 항공기 동체 내부 조립, 원자력 시설 정비, 의료, 보안 및 구조 작업 등 세밀한 조작이 필요한 분야에서 활용한다.

　최근에는 미국 노스이스턴대학교의 '코브라^{COBRA}'처럼 생체 모사형 구조에 AI 기반 시각 인식 기능을 더해 자율적으로 탐사하는 로봇 연구가 활발하다. 카네기멜런대학교의 '휴머스^{HUMRS}'는 수중에서도 정밀 점검과 유지 보수가 가능한 방수 모듈 뱀형 로봇으로 발전하고 있다. 이처럼 뱀형 로봇은 위험한 장소에서 인간의 눈과 손을 대신하는 지능형 점검·보수 시스템으로 진화하고 있다.

물속을 누비는 카네기멜런대학교의 휴머스_ARM Institute

대형·중소형 제조 산업

산업용 로봇은 우리가 생각하는 현실판 로봇 중 가장 오랜 역사를 자랑한다. 산업용 로봇은 1960년대 유니메이트가 등장한 이래, 제조업을 중심으로 꾸준히 발전하며 오늘날의 산업 구조를 바꿔놓았다. 공장에서 금속 팔을 휘두르며 용접과 조립 작업을 수행하는 거대한 로봇은 이제 산업 현장의 상징이 됐다.

로봇이 가장 널리 활용되는 분야는 제조 산업이다. 고정된 위치에서 반복적인 작업을 함으로써 사람의 도움 없이도 제조 공정을 자동화하기 때문이다. 제조 로봇의 우수한 정밀도와 빠른 수행 속도는 생산성을 높이는 데 필수다. 철도나 항공, 자동차 산업은 물론 전자제품, 식품, 의약품, 물류 산업 등 로봇이 쓰이지 않는 곳을 찾아보기가 어렵다.

제조 로봇은 앞서 살펴본 서비스 로봇들에 비해 상당히 많은 발전이 이뤄졌다. 산업은 성숙 단계에 있다. 현재 세계 시장은 이른바 '제조 로봇 4강'이라고 불리는 스위스의 에이비비(2025년 일본 소프트뱅크 그룹에 로봇 사업부 매각), 독일의 쿠카(2016년에 중국 미디어 그룹에 인수), 일본의 화낙, 야스카와Yaskawa가 지배한다. 이 네 기업이 전 세계 산업용 로봇 시장 매출의 40% 가까이를 차지한다.

산업용 로봇은 그 본질에서 '기계 노예'라는 초기 로봇의 정의를 충실히 따른다. 길게 뻗은 로봇 팔은 프로그램에 따라 움직이며 반복 작업을 수행한다. 겉보기에는 단순한 동작처럼 보이지만 그 안에는 복잡한 공학적 정밀성이 숨어 있다. 무거운 물건을 다루기 위한 높은 '가반

에이비비(ABB Ltd.)

국가: 스위스·스웨덴 / 설립연도: 1988

기업 개요

산업 자동화, 로봇, 전기화(전력 솔루션) 분야에서 필수적인 기술과 솔루션을 제공한다. 에이비비 로보틱스는 산업용 로봇, 자율주행 이동 로봇(AMR), AI 기반 소프트웨어 플랫폼 등으로 산업 자동화 시장에서 선두를 차지했다.

화낙(FANUC)

국가: 일본 / 설립연도: 1956

기업 개요

산업용 로봇 및 컴퓨터 수치 제어(CNC) 시스템 분야에서 세계 최대 시장 점유율을 보유하고 있다. 자동차, 전자, 반도체 산업을 비롯해 다양한 제조 현장에 자동화 장비를 공급하며 40여 개국으로 사업을 확장하고 있다.

하중Payload', 다양한 작업 환경에서 움직일 수 있는 넓은 '작업 반경Working Radius', 정밀 생산을 가능케 하는 '끝단End-effector의 정확한 제어', 오류 발생 가능성을 최소화하는 '안정성'은 제조 로봇의 성능을 결정하는 핵심 요소다. 전 세계에서 수많은 기업이 제조 로봇 산업에 도전하고 있으나, 이러한 특성 때문에 성숙한 기술과 강력한 시장 점유율을 자랑하는 선두 기업들이 지배적인 위치를 유지하고 있다.

① 대형 제조 산업(자동차·식품·물류)

'자동차'와 '철도' 산업에서 제조 로봇이 차지하는 역할은 매우 크다. 용접, 조립, 도장, 검사, 운반 등 거의 모든 단계에 로봇이 투입돼

제조 로봇을 도입한 BMW 자동차 공장_Reuters

로봇만 있고 인간은 없는 현대 위아 자동차 공장

생산 효율성과 품질 안정성을 높인다. 자동차 하나만 하더라도 다양한 공정에서 로봇이 정교하게 움직이며 업무를 수행한다. 이들 기업이 공개한 생산 현장 영상을 보면 거대한 로봇 팔들이 일렬로 늘어서서 일정한 리듬으로 용접과 조립을 반복하는 모습이 인상적이다.

식품 산업 역시 제조 로봇이 활발하게 활용되는 분야다. 예를 들어 에이비비는 초고속 피킹Picking 로봇 플렉스피커FlexPicker를 통해 생산 라인에서 쿠키나 초콜릿 같은 섬세한 제품을 손상 없이 포장한다. 화낙의 로봇은 식육 공장에서 정형화된 절단 작업이나 고속 트레이 적재 등에 활용돼 위생적이고 효율적인 작업 환경을 만든다.

로봇은 물류 산업에서도 사람이 다루기 힘든, 양이 많고 무거운 물품을 운반하고 분류한다. 대표적으로 쿠카의 물류 로봇은 이커머스 창고에서 자동으로 물건을 집고 운반한다. 오토스토어^{AutoStore}, DHL, 아마존 등은 자율주행 기반 물류 로봇을 도입해 풀필먼트^{Fulfillment}(물류 처리 과정) 자동화를 실현하고 있다.

오토스토어(AutoStore)

국가: 노르웨이 / 설립연도: 1996(상장 2022)

기업 개요

창고 공간 활용을 극대화하는 큐브형 자동화 시스템을 개발·공급한다. 전자 상거래, 유통, 제조 등 다양한 산업의 물류 자동화 솔루션을 제공하며 전 세계 1,400개 이상의 창고에서 물류 효율성과 생산성을 높이고 있다. 로봇 기반 피스 피킹^{Piece Picking}(개별 상품 집품) 시스템을 통해 주문 처리 속도와 정확성을 크게 개선했다.

아마존(Amazon)

국가: 미국 / 설립연도: 1994(상장 1997)

기업 개요

온라인 쇼핑, 클라우드 컴퓨팅, 디지털 콘텐츠, AI, 로봇 등 다양한 산업을 선도하는 세계 최대 기업 중 하나다. 이커머스 부문에서는 빠른 배송, 다양한 상품, 편리한 고객 경험을 제공한다. 아마존 로보틱스를 통해 20만 대 이상의 물류 로봇을 운용하며, 주문·재고·배송 전 과정에서 효율화를 실현하고 있다.

대형 제조 산업에서는 생산 품목의 특성에 따라 로봇의 형태와 동작이 달라진다. 시스템 통합^{System Integration, SI} 기업은 이러한 맞춤형 시스템을 설계·통합하는 역할을 맡으며, 로봇 하드웨어와 제어 소프트웨어, 생산 설비를 통합해 고객 맞춤형 자동화 솔루션을 제공한다.

하지만 초기 투자 비용이 비싸고 전문 지식이 필요한 기존 방식은 중소형 제조 산업에서 도입하는 데 한계가 있다. 그래서 더욱 간편하게 로봇을 활용하기 위해 탄생한 것이 협동 로봇이다.

② 중소형 제조 산업(협동 로봇)

대한민국은 2020년대 들어 협동 로봇 때문에 발칵 뒤집혔다. 앞서 소개한 DARPA 로보틱스 챌린지 우승의 주역, KAIST 오준호 교수 연구팀이 창업한 레인보우로보틱스가 협동 로봇 전문 기업으로 변신해 코스닥 시장에 상장했고, 곧이어 포항공과대학교 출신 박종훈 대표가 이끄는 협동 로봇 전문 기업 뉴로메카도 코스닥에 입성했다.

이후에는 두산로보틱스가 협동 로봇으로 코스닥을 넘어 코스피 시장에 상장했다. 세 기업 모두 기관과 개인 투자자들의 뜨거운 관심을 받으며 포스트 코로나로 얼어붙은 대한민국 주식 시장에 온기를 불어넣었다.

이처럼 흥행에 대성공한 로봇 기업들이 협동 로봇이라는 현실적 비즈니스 모델을 들고 나오긴 했지만 정작 협동 로봇이 대체 무엇인지, 왜 이토록 주목받는지는 잘 모르는 사람이 많다. 오히려 "어느 대기업에서 투자한다더라"라는 소문이 훨씬 더 뜨거운 화제가 되는 경우도 허다하다. 과연 협동 로봇은 우리의 삶에 어떤 영향을 줄까? 협동 로봇은 대체 무엇이기에 이렇게 나라 전체가 들썩이는 걸까?

협동 로봇은 이름에서도 알 수 있듯이, 사람과 같은 공간에서 물리적 접촉이 가능할 정도로 안전하게 작업하도록 설계된 산업용 로봇이다. 커다란 펜스 안에서 정해진 프로그램에 따라 독립적으로 작동하는 기존 제조 로봇과 달리 협동 로봇은 작업자와 실시간으로 정보를 주고받으며 상호작용한다. 협동 로봇 기술의 중심에는 안전성, 사용 편의성, 작업 유연성이 자리 잡고 있다. 복잡한 코딩 없이도 새로운 작업을 쉽게 지시할 수 있어 비전문가도 활용 가능하다.

협동 로봇은 본질적으로 소형화된 제조 로봇이지만, 사용자의 창의성과 필요에 따라 다양한 산업 분야와 작업 환경에 적용될 수 있다. 따라서 활용법이 무궁무진하다. 앞으로도 새로운 활용 사례가 계속해서

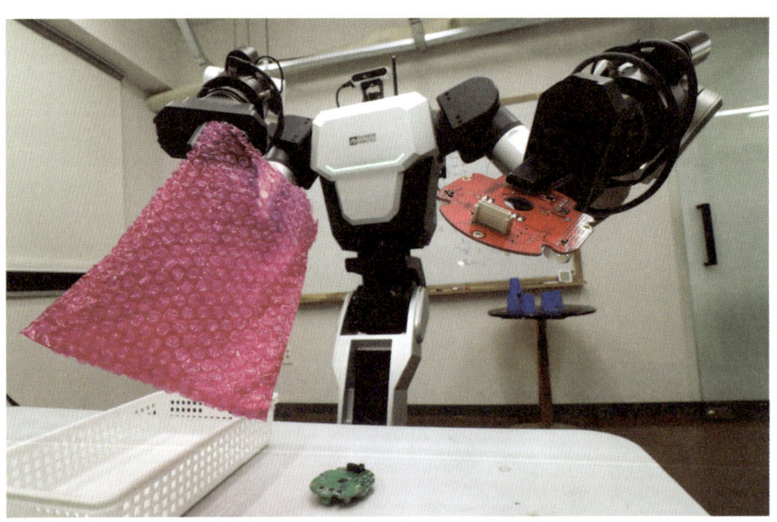

전자 부품을 비닐에 집어넣는 정교한 움직임을 선보이는 레인보우로보틱스의 양팔 로봇 RB-Y1

_조선일보

등장할 것으로 기대한다.

협동 로봇은 다양한 산업에서 작업 효율과 유연성을 높이며 활용 범위를 넓히고 있다. 협동 로봇이 중소형 제조 산업에서 활용되는 예로 '팔레타이징 Palletizing'을 생각해볼 수 있다. 팔레타이징이란 물류 출하나 보관을 위해 제품을 팔레트 위에 효율적으로 쌓는 작업을 말한다.

무거운 물품을 다루는 만큼 작업자에게 신체적으로 큰 부담을 주기 때문에, 협동 로봇이 이를 대신 수행하면 인력 소모를 줄이고 작업 안정성을 높일 수 있다. 실제로 유니버설 로봇 Universal Robots 과 두산로보틱스가 선보인 협동 로봇은 국내외 물류 창고에서 팔레타이징 자동화에 활용되고 있다. 사용자는 인터페이스를 통해 물품의 적재 순서나 규칙을 설정하기만 하면 된다.

공장에서 적재 업무를 수행하는 두산 팔레타이징 로봇_Doosan Robotics

주방에서 치킨을 튀기는 조리 로봇_Eatbook

세계 가전·IT 박람회 CES Consumer Electronics Show 에 매년 등장하는 바리스타 로봇 역시 협동 로봇의 특징을 잘 보여주는 사례다. 이 로봇은 커피 제조 과정뿐만 아니라 주문부터 제조, 서빙까지 고객의 요구에 맞춘 음료를 제공하며 서비스 로봇의 새로운 가능성을 보여줬다. 국내 외식 업계에서는 치킨 프랜차이즈 등에서 조리 과정을 자동화하는 데 협동 로봇이 사용된다.

의료·헬스케어 산업

① 수술 로봇

서비스와 제조에 이어 살펴볼 산업은 헬스케어 분야다. 헬스케어 분야에서 활용하는 로봇은 인간의 신체적 한계를 보완하거나 치료를 도움으로써 삶의 질을 향상하는 데 기여한다. 의료용 수술 로봇은 대중매체에도 자주 등장하는 만큼 이름을 들어본 사람도 많을 것이다. 그중 가장 대표적인 예는 인튜이티브 서지컬Intuitive Surgical의 다빈치da Vinci다.

로봇은 사람의 손보다 정밀하게 움직이며, 손 떨림이 거의 없어 더욱 안전하고 세밀하게 수술할 수 있다. 최신 수술 로봇은 절개 구멍 하나만으로 수술 도구와 카메라까지 여러 장치를 신체에 삽입하고 다양한 수술을 집도하는 수준까지 올라섰다. 이미 국내 의료 기관에서도 로봇을 적극 도입해 사용하고 있으며, 세브란스병원에서는 단일 기관 기준 세계 최초로 로봇 수술 4만 회를 달성하기도 했다.[8]

도입 초기 수술 로봇의 최대 장점은 인간의 손보다 정밀하게 움직이는 섬세함이었는데, 최근에는 한층 더 진화했다. 촉각 정보를 사용자에게 전달하는 햅틱 기술을 탑재해, 로봇이 조직을 건드리면 그 미세한 느낌이 실시간으로 전달된다. 이 덕분에 수술의 정밀도와 안정성이 크게 높아졌다.

수술 로봇의 장점은 이뿐만이 아니다. 본래 수술 로봇의 개발 취지는 원격 수술 상용화였다. 인터넷만 연결되면 지구 반대편에서도 수술할 수 있도록 말이다. 실제로 미군은 전쟁터에서 부상병을 원격으로 치료하기 위해 수술 로봇을 연구하고 초기 콘셉트를 발전시켰다. 이 기술이 민간으로 이전됐고, 코로나19 팬데믹 기간에는 의사가 감염 위험을 피하기 위해 다른 방에서 원격 수술하는 사례가 늘었다. 최근에는 5G 통신 기반의 초지연 원격 수술 시스템도 개발되고 있어, 향후 국경을 넘어서는 실시간 로봇 수술이 현실화될 것으로 보인다.

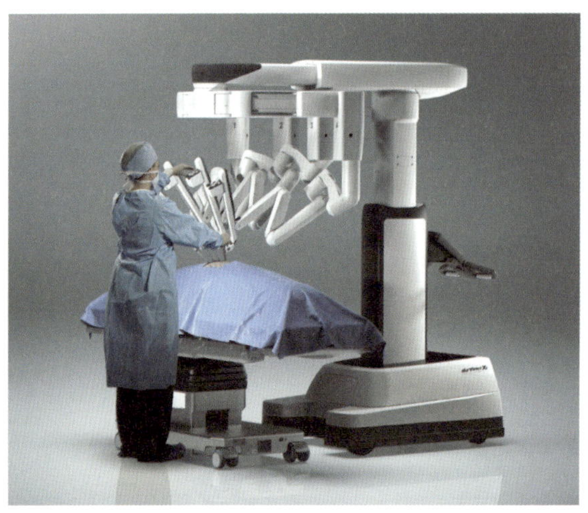

의료진과 함께 수술을 집도하는 다빈치_Intuitive Surgical

② 웨어러블 로봇

팬데믹으로 인한 비대면 환경 덕에 큰 변화를 맞은 로봇이 또 하나 있다. 필자 역시 연구하고 개발 중인 '웨어러블 로봇'이다. 웨어러블 로봇Wearable Robot 이란 말 그대로 사람이 입는 로봇이다. 사용자의 신체에 밀착해 움직임을 보조하거나 강화하는 기기를 말한다. 보행이 불편한 사람의 이동을 돕거나, 산업 현장에서 근로자의 신체 부담을 줄여주는 보조 장비로 활용된다.

의료용 웨어러블 로봇은 보행이 어려운 사람, 예를 들어 뇌졸중 환자나 척수를 다친 사람이 다시 걸을 수 있도록 도와준다. 해외에서는 미국 라이프워드 Lifeward의 리워크 ReWalk, 일본 사이버다인의 HAL Hybrid Assistive Limb 등이 이에 해당한다.

한국에서는 엔젤로보틱스가 의료용 웨어러블 로봇의 선두 주자로 꼽힌다. 특히 '엔젤렉스 메디컬 M20 Angel Legs M20'은 하지 불완전 마비 환자에게 힘을 보충해주고 재활 효과를 극대화한다.

이러한 로봇은 다리에 장착돼 옷처럼 움직이며, 사용자의 보행 의도를 실시간으로 감지해 걸음걸이를 보조한다. 착용자의 움직임과 자연스럽게 동기화되기 때문에 재활 장비 수준을 넘어 인간과 함께 걷는 동반자로 발전하고 있다.

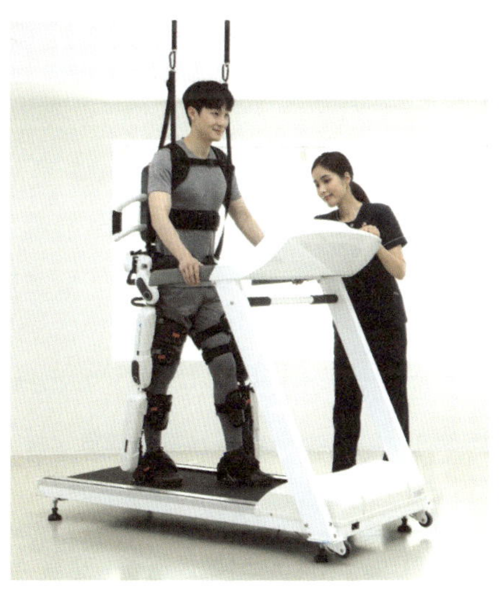

보행 재활 치료를 돕는 엔젤렉스 메디컬 M20_엔젤로보틱스

인간과
상호작용하는 로봇들

마지막으로 인간과 가장 밀접하게 상호작용하며 물리적·인지적으로 소통하는 로봇을 살펴보려 한다. 대표적인 상호작용형 로봇으로는 협동 로봇, 의사소통 로봇, 웨어러블 로봇이 있다.

펜스를 허물고 함께 일하는 '협동 로봇'

앞서 제조 산업에서도 언급한 협동 로봇은 인간과 '함께' 일하는 파트너다. 그만큼 긴밀한 상호작용이 필요하며, 이때 가장 중요한 것은 함께 일하는 사람의 '안전'이다. 이를 위해 센서 기술과 비전 시스템 등을 적극적으로 도입한다. 예를 들어 힘 감지 센서는 사람이 로봇의 동선에 들어오는 모습을 인식해 곧바로 동작을 멈춘다. 또 카메라나 딥러닝을 기반으로 한 비전 시스템은 작업자의 위치나 물체를 인식해 충돌을 피하거나 필요한 물체를 정확히 잡도록 한다. 최근에는 더 나아가 음성 명령이나 손 제스처를 인식해 작동하는 기능을 연구하고 있다. 이처럼 안전이 확보된다면 협동 로봇은 기계만으로 수행하기 어려운 작업에서 사람과 협업하며 능률을 높일 수 있다.

물론 협업한다고 해서 반드시 사람과 로봇이 직접 접촉해야 하는 것은 아니다. 협동 로봇은 원격 조작이 가능하다. 그 덕에 사람이 접근하기 어려운 환경에서 대신 작업하거나, 인간보다 더 정밀한 동작을 수행한다. 아예 사람의 손 모양을 모사해 만든 로봇도 있는데, 이를 원격으로 조종하면 인간 작업자는 더욱 직관적이고 섬세하게 로봇의 행동을 제어할 수 있다. 심지어 운동화 끈을 묶는 것처럼 정밀한 동작도 복잡한 코딩 없이 해낸다.

더욱 밀접한 상호작용을 지원하는 휴머노이드 협동 로봇도 등장하고 있다. 쉽게 말해 아바타를 상상하면 된다. 예를 들어 프랑스의 폴렌 로보틱스 Pollen Robotics는 리치 Reachy라는 휴머노이드 협동 로봇을 개발했다. 리치는 머리와 팔, 상체를 갖춘 인간형 로봇이다. 원격 조작과 인간-로봇 상호작용 연구에 주로 활용된다.

사용자는 VR과 카메라를 통해 로봇의 주변 환경을 인식하고, 원격으로 리치의 동작을 제어할 수 있다. 이 로봇은 사람과 자연스럽게 상호작용할 수 있도록 표정 표현, 물체 조작, 대화 대응 기능 등을 제공한다. 이러한 로봇을 활용하면 집에서도 현장에 출근한 것처럼 근무할 수 있다. 그 밖에 교육, 연구, 서비스 분야에서 새로운 형태로 활용하

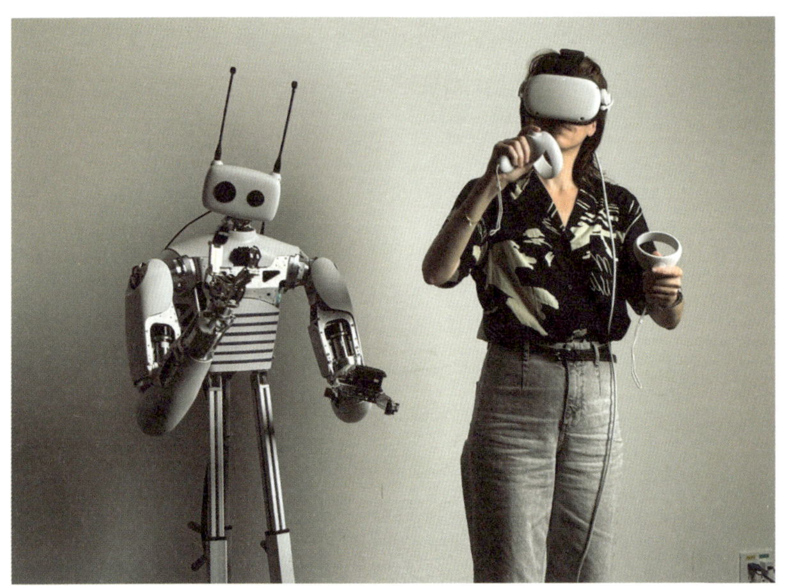

아바타처럼 원격 조종이 가능한 휴머노이드 리치_Pollen Robotics

는 모습도 상상해볼 수 있다. 인간의 존재가 기술을 통해 확장되는 텔레프레즌스^{Telepresence} 시대가 도래한 것이다.

마음을 나누는 '의사소통 로봇'

오직 '의사소통'만을 위해 개발된 로봇도 있다. 앞서 소개한 데이비드 핸슨이 만든 소피아가 대표적이다. 사우디아라비아에서 시민권을 부여받아 세계 최초의 로봇 시민이 된 소피아는 UN 개발 프로그램의 혁신홍보대사로도 알려졌다. 2016년 처음 공개된 이후 60개국

이상을 순회하며 인터뷰, 패널 토론, 광고 등 다양한 사회적 활동에 참여했다.

소피아는 기계 학습과 컴퓨터 비전 기술을 활용해 사람의 표정과 언어를 인식하고 반응하는 기능을 갖췄다. 움직임이 다소 어색하긴 하지만 인간과 유사한 얼굴을 갖고 있어 감정 표현도 수행한다. 단순히 음성 명령에 응답하는 수준을 넘어 시선·표정·언어가 통합된 인간형 대화 인터페이스로 진화한 셈이다.

이후 2021년 영국의 엔지니어드 아츠 Engineered Arts에서는 더욱 자연스러운 대화와 표정을 구현한 로봇을 선보였다. 아메카 Ameca라 불리는 이 로봇은 오픈AI의 GPT-3 언어 모델을 탑재해 자연어 기반으로 대화가 가능하다. 눈앞에 있는 사람을 바라보며 시선을 맞추고, 상대의 동작에 따라 자연스럽게 미소를 짓거나 손을 내밀어 악수하는 등 '인간다운' 반응을 보인다.

아메카는 인간과 유사한 12개의 얼굴 모터를 이용해 다양한 표정을 구현하며, 실시간 음성 인식과 반응 기능으로 전시, 접객, 공공 안내 등 사람과 직접 상호작용하는 분야에서 활용될 가능성을 보여줬다.

의사소통 로봇의 진화를 보여주는 또 다른 예는 피규어 AI에서 나온 휴머노이드 로봇 피규어 01 Figure01이다. AI와 로봇은 이제 서로 떼려야 뗄 수 없는 존재다. 피규어는 GPT 기반 언어 모델을 탑재해 인간의 말을 스스로 분석하고 상황에 맞게 행동한다. 또한 카메라와 시각 센서를 이용해 주변 상황을 인식하고, 그에 맞는 판단과 동작을 수행하는 능력도 갖췄다. 이후 피규어 AI는 후속 버전을 줄줄이 발표하며 로봇과 AI의 절묘한 융합, 피지컬 AI의 정수를 보여주고 있다.

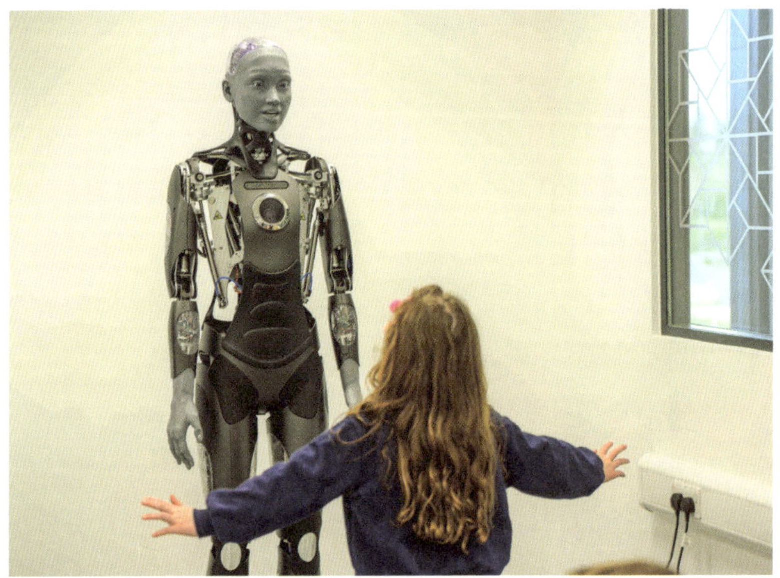

아이와 대화하는 휴머노이드 아메카_Data-Driven Innovation

인간의 말을 분석하며 상호작용하는 피규어 01_Figure AI

이때 카메라는 영상을 촬영하는 장치이며, 시각 센서는 그 영상을 분석해 사물이나 거리 정보를 파악하는 기능을 포함한다. 최근 개발되는 휴머노이드 로봇들은 단순히 인간의 말에 반응하는 수준을 넘어 대화의 맥락을 이해하고, 과거의 기억을 바탕으로 논리적으로 추론한 뒤 다음 행동까지 계획할 수 있다는 점에서 주목받는다. 여러 휴머노이드 개발 업체의 공동 목표는 다양한 산업에서 인간과 협력하는 범용 지능 로봇 개발이다.

인간의 한계를 극복하는 '웨어러블 로봇'

헬스케어 산업에서 소개한 웨어러블 로봇은 다양한 분야에서 활용된다. 장애로 인한 신체적 제약을 보완하고 재활을 돕는 의료 목적은 물론 산업 안전과 복지, 국방, 레저 및 스포츠에 이르기까지 인간의 신체 능력을 확장하는 거의 모든 영역에서 응용할 수 있다. 예를 들어 보행이 어려운 사람의 재활을 지원하는 로봇 슈트, 근로자의 신체 부담을 줄여주는 산업용 웨어러블 보조기, 군인의 움직임을 가볍게 만들어주는 전투용 외골격 등이 있다.

이처럼 전 분야에 걸쳐 발전하는 웨어러블 로봇이 가진 강점 중 하나는 '데이터'다. 센서와 로봇 시스템을 통해 수집되는 정량적이고 지속적인 데이터는 사용자의 상태를 추적하고 맞춤형 피드백을 제공하는 데 필요한 기반이다. 로봇에 축적된 객관적인 데이터가 사용자에게 맞춤 서비스를 제공하기 위한 기초 자료가 되는 것이다.

웨어러블 로봇 엔젤슈트를 착용한 모습_엔젤로보틱스

　이처럼 다양한 용도와 기술적 강점을 가진 웨어러블 로봇 시장 규모는 빠르게 성장하고 있다. 2022년 포춘 비즈니스 인사이트가 발표한 보고서에 따르면 전 세계 웨어러블 로봇 시장은 2030년까지 연평균 42% 이상 성장할 것으로 전망된다.

　국내 시장도 유사한 흐름을 보인다. 보고서에서는 의료 분야를 가장 큰 시장으로 봤고, 다음으로 제조 및 물류 같은 산업군에서 수요가 뒤따를 것으로 예측했다. 실제로 현재 상용화 면에서 가장 앞선 분야는 의료용 로봇이다. 이러한 결과는 많은 수요와 더불어 임상적 효과가 명확히 입증된 덕분이다.

　웨어러블 로봇의 역사를 짚어보면 그 시초는 1965년까지 거슬러 올라간다. 제너럴 일렉트릭 사와 미 육군이 공동으로 개발한 하디맨

Hardiman은 무거운 짐을 들어올리기 위해 고안한 산업용 외골격 로봇이었다. 비록 기술적 한계로 상용화에 이르지는 못했지만, 하디맨은 이후 웨어러블 로봇 기술의 방향을 제시한 상징적인 시도였다.

2000년대에 들어서며 웨어러블 로봇 기술은 본격적인 발전기를 맞았다. 배터리 효율 및 센서 정밀도 향상, 경량 소재 기술 등이 동시에 발전하면서 미국과 일본을 중심으로 다양한 시도가 이어졌다. 미국 버클리대학교의 군사용 외골격 로봇 블릭스BLEEX, 일본 와세다대학교의 인간형 보행 보조 로봇 와봇WABOT 등이 속속 탄생하며 기술의 실용성을 높여갔다.

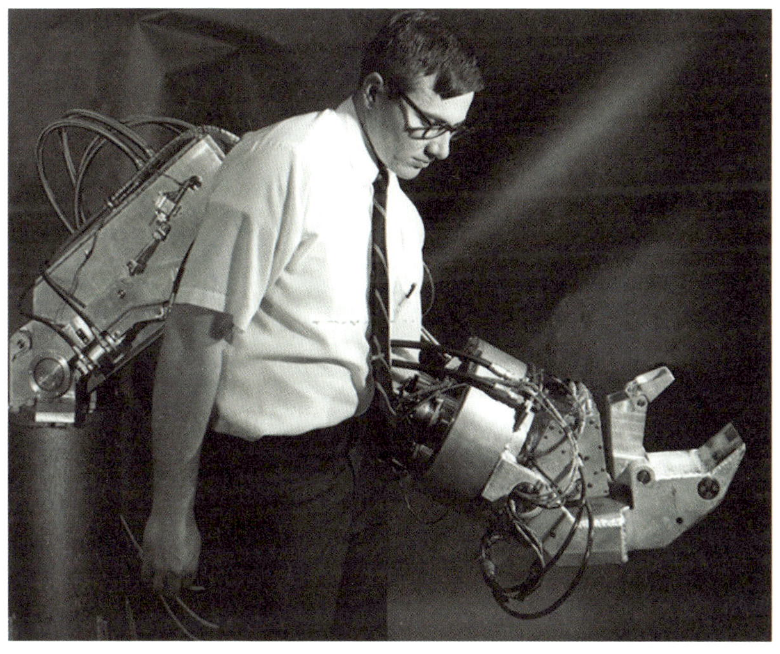

최초의 웨어러블 로봇 하디맨_aivanet

오늘날 웨어러블 로봇 시장은 개화기를 지나 이미 상용화 단계에 도달했다. 한국에서는 2022년에 웨어러블 로봇이 일부 질병에 대해 제한적으로 의료 보험 수가 적용을 받으며 공식적인 의료 기기로 인정받았다. 특히 우리나라는 초고령화라는 사회적인 흐름이 눈앞으로 다가온 만큼 웨어러블 로봇에 대한 잠재 수요가 크다.

고령 인구가 급증함에 따라 독립적인 일상생활을 도와줄 이동 보조 기기, 근력 보조 시스템 수요가 빠르게 증가하고 있다. 웨어러블 로봇은 노화로 인해 저하된 하지 근력이나 균형 유지 능력을 보완해 낙상을 예방하고, 고령자의 활동 범위를 넓혀줄 중요한 기술로 주목받는다.

그러나 고령화만으로 웨어러블 로봇의 필요성을 설명하기는 부족하다. 우리나라에서는 극심한 저출산 상황 속에서도 장애 아동 출생이 꾸준히 늘고 있으며, 이에 따라 의료·교육 지원 수요도 함께 증가하는 중이다. 한국장애인개발원 장애통계데이터포털의 '2022년 장애아동 통계'에 따르면 전체 아동 인구 중 등록 장애 아동 비율은 1.12%에 달한다.

특히 지체 장애나 뇌병변 등으로 보행에 어려움을 겪는 사례가 꾸준히 나타난다. 절대적인 수치로 보더라도 전체 아동 중 장애 아동 비율이 가파르게 상승 중이며, 다양한 이유로 소아 보행 장애도 증가하고 있다. 이에 따라 재활 치료와 함께 사용할 수 있는 보행 보조 로봇의 필요성이 커지고 있다. 웨어러블 로봇은 이러한 아동들이 일상생활에서 더 자유롭게 움직이고, 스스로 몸을 통제하도록 도와줄 도구로써 발전 중이다.

지금까지 이동 방식과 제어 방식, 산업군에 따라 다양한 로봇을 살펴봤다. 그러나 로봇을 일정한 틀로 묶어 정의하려는 시도에는 명확한 한계가 있다. 로봇은 이미 틀에 얽매이지 않고 산업과 서비스의 경계를 허물며 인간의 삶에 스며들고 있다.

그 영향력은 기술적·사회적 경계를 넘어 확장되고 있으며, 로봇은 우리 일상에서 새로운 정의와 역할을 스스로 만들어가는 중이다. 인간과 기술은 로봇이 발전하는 현장을 동시대에 지켜보며 역사적인 여정을 함께 써 내려갈 것이다.

PART 3

로봇은 어떻게
돈이 되고
산업이 되는가

지금이 로봇 산업의
골든타임이다

폭발적으로 성장하는 로봇 산업

일상 곳곳에서 로봇이 보이기 시작한 지금, 로봇 산업은 급격한 성장과 변화의 시대를 맞이하고 있다. 로봇은 그 쓸모가 제조업 현장에 국한된 시대를 넘어 이제는 서비스업, 의료, 농업, 물류 등 거의 모든 산업 분야에서 필수적인 존재로 떠오르고 있다. 이에 따라 로봇 시장의 규모와 성장 가능성에 관한 관심 역시 어느 때보다 뜨겁다.

국제로봇연맹International Federation of Robotics, IFR은 전 세계 로봇 시장 규모가 약 400억 달러(약 57조 2,000억 원)에서 2030년 약 2,500억 달러(약 357조 5,000억 원)로 급성장할 것이라고 전망했다. 특히 한국, 미국, 중국, 일본, 독일 등 로봇 선도국들은 경쟁력을 높이기 위해 국가 차원에서 적극적인 지원과 투자를 이어가고 있다.

로봇 산업의 빠른 성장은 일자리 문제에 대한 논의를 불러일으켰다. "로봇이 인간의 일자리를 빼앗을 것인가?"라는 질문은 여전히 유효하다. 세계경제포럼 World Economic Forum, WEF 은 로봇 자동화로 일부 일자리는 사라질 테지만, 로봇 기술의 발전으로 일자리가 감소하기보다는 직무의 성격을 바꾸고 새로운 일자리를 창출할 가능성이 크다는 점을 시사한다.

로봇 시장의 확장은 단순한 경제적 경쟁을 넘어 국가 간 기술 패권 경쟁으로 확대되고 있다. 현재 휴머노이드 로봇 분야에서는 중국이 미국을 추월할 가능성이 대두되면서 글로벌 기술 경쟁이 더욱 치열하게 전개되고 있다.

앞선 장에서는 로봇 그 자체에 집중해 로봇의 요소 기술과 종류를 살펴봤다. 이번 장에서는 시장의 관점에서 로봇을 살펴보려 한다. 로봇과 함께 성장할 산업, 지능형 로봇의 발전 방향, 로봇과 AI의 시너지 효과, 그리고 로봇 산업에서 주목해야 하는 기업들에 대해서도 심도 있게 다룰 것이다. 앞으로 펼쳐질 로봇 비즈니스의 미래를 살펴보며, 변화의 중심에 설 준비를 해보자.

로봇은 연구실에서 벗어나 우리 일상에서 빠르게 자리 잡고 있다. 병원에서 약을 전달하는 로봇, 동네 카페에서 커피를 만드는 로봇까지 일상 곳곳에서 로봇과 함께하는 풍경이 점점 익숙해지고 있다.

국제로봇연맹의 〈World Robotics〉 보고서[9]에 따르면 최근 전 세계 산업용 로봇 설치 대수는 54만 1,302대로, 역대 두 번째로 높은 기록을 세웠다. 한편 같은 해 실제로 가동되고 있는 산업용 로봇은 430만 대를

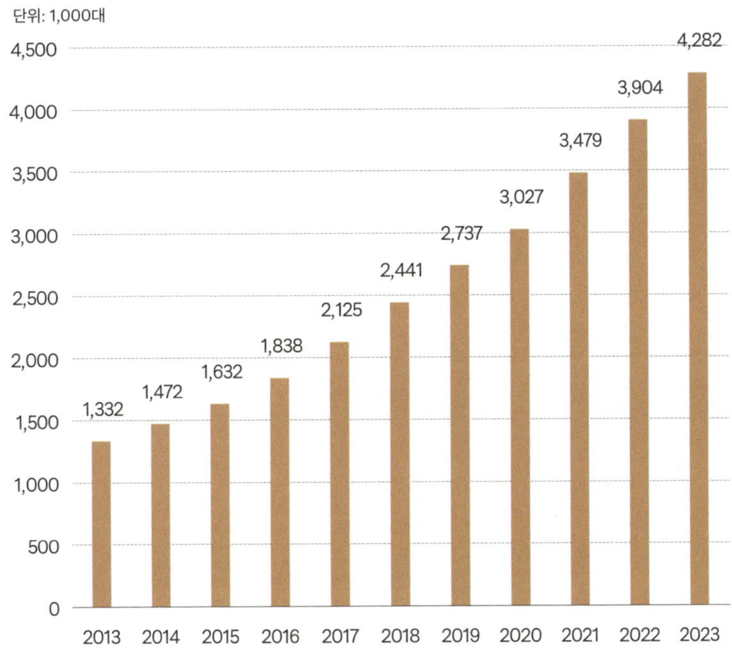

전 세계 연도별 산업용 로봇 가동 대수_국제로봇연맹

설치 대수와 가동 대수

로봇 관련 통계에는 비슷해 보이지만 다른 두 개념이 자주 등장한다.
'설치 대수'는 해당 연도에 새롭게 설치된 로봇 수로, 매년 바뀐다.
'가동 대수'는 지금 실제 공장에서 사용 중인 로봇의 총량으로, 해마다 누적
된다. 예를 들어 2023년 설치 대수는 전년보다 2% 감소했지만 여전히 높은
수준을 유지했고, 가동 대수는 430만 대를 넘기며 꾸준히 증가하고 있다.
따라서 특정 기간의 단기 수치만 보고 산업이 성장하거나 위축됐다고 단정
하기보다는 장기 흐름 속에서 성장의 방향을 함께 보는 시각이 필요하다.

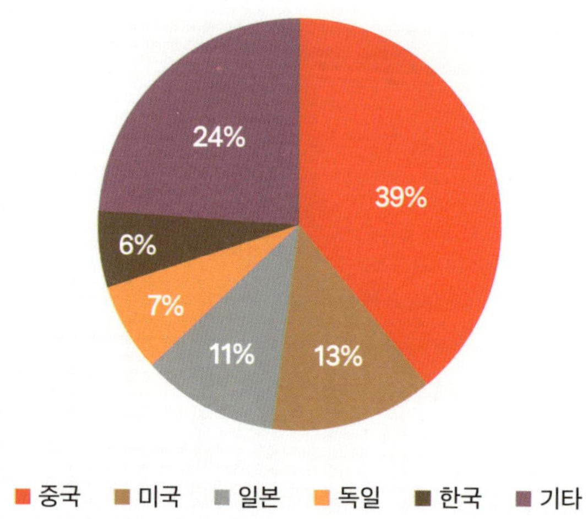

2021년 글로벌 산업용 로봇 시장 주요국 비중_국제로봇연맹

2022년 글로벌 산업용 로봇 기업 순위_삼성증권 2022년 발표 보고서			
순위	업체	국적	점유율
1	화낙	일본	16%
2	에이비비	스위스 → 일본이 인수	12%
3	쿠카	독일 → 중국이 인수	12%
4	가와사키	일본	10%
5	야스카와	일본	9%
6	현대로보틱스	한국	2%
7	나치	일본	2%

돌파했으며, 이 순간에도 꾸준히 증가하고 있다. 산업 현장에서 로봇을 활용하는 추세가 이미 보편화 단계를 넘어 가속화되고 있음을 보여주는 수치다.

현재 제조 로봇 시장에서는 일본의 화낙, 스위스의 에이비비(일본이 인수), 독일의 쿠카(중국이 인수) 같은 글로벌 기업들이 선두를 달리며 절반을 넘는 점유율을 차지하고 있다. 이들 기업은 오랜 기간 축적한 기술력과 안정적인 생산 시스템을 바탕으로 전 세계 제조업에서 혁신을 이끌어왔다. 일본의 가와사키 중공업, 야스카와 전기 등을 포함하면 이들 주요국 기업이 세계 시장의 절반 이상을 장악한 셈이다.

국내 제조 로봇 기업들도 시장에서 입지를 넓히고 있지만, 제조 로봇 산업은 이미 기술적으로 성숙한 단계이므로 새로운 기업이 시장 점유율을 빠르게 확대하기는 어렵다. 제조 로봇 분야에서는 제품 품질 외에도 공장 자동화 라인의 안정성을 보장하는 기술 지원 체계, 장애 복구 시스템, 공장 중단 시 보상 시스템 등 인프라 구축이 필요하다. 철저하게 규모의 경제를 바탕으로 움직이며, 브랜드 신뢰도가 크게 작용하는 분야이기 때문에 기존 선두 기업들이 독점적인 위치를 유지하고 있다.

그래도 국내 제조 로봇 개발 기업들에게 한 가지 희소식이 있다면 국내 시장 규모도 상당히 큰 편이라는 것이다. 한국로봇산업진흥원의 로봇 산업 실태 조사 보고서[10]에 따르면 국내 로봇 시장 매출 규모는 약 5조 9,000억 원으로 전년 대비 1.5% 성장했다. 특히 전문 서비스용 로봇 분야는 전년 대비 13.4%라는 높은 성장률을 보이며 시장 확대를 주도하고 있다.

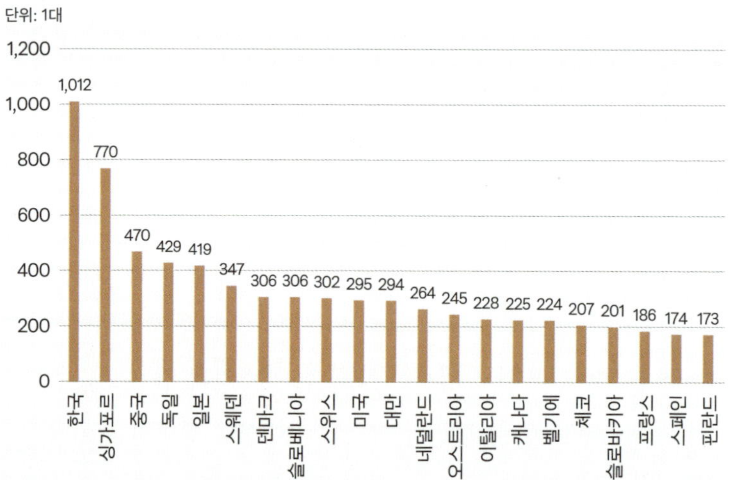

2023년 국가별 근로자 1만 명당 로봇 수_국제로봇연맹

국제로봇연맹에 따르면 우리나라에서는 직원 1만 명당 로봇 설치 대수가 무려 1,000대가 넘는다. 글로벌 평균인 162대를 크게 웃돌며 세계 1위를 차지했다. 직원 10명당 로봇 한 대가 함께 일하는 셈이다. 따라서 국내 시장에서 제품 품질과 사후 지원 역량 등 시스템을 쌓아 나간다면 이를 바탕으로 글로벌 시장 점유율을 확대할 가능성도 열려 있다.

글로벌 로봇 시장은 앞으로도 강력한 성장세를 이어갈 것으로 보인다. 퓨처 마켓 인사이트Future Market Insights, FMI는 글로벌 로봇 시장 규모가 2035년까지 연평균 19.6% 성장해 약 1,908억 달러(약 272조 8,440억 원)에 이를 것으로 전망했다. 전자 상거래 확대와 물류 수요 급증, 노동력 부족 등이 성장의 주요 요인이다.

새벽에 애국가를 들으며 자란 세대라면 익숙한 장면이 있다. 산업 현장에서 커다란 로봇 팔이 용접하며 불꽃을 튀기는 화려한 모습이다. 사실 이 불꽃은 용접 품질이 떨어졌다는 신호이자 공정 불량을 의미한다. 이런 상황에서는 라인을 멈추고 불량 제품을 제거해야 한다. 그런데 이 모습이 사람들에게는 멋진 장면으로 각인돼 제조 로봇의 상징처럼 자리 잡은 아이러니한 사례다. 이처럼 로봇은 현실의 기술과 상상의 이미지가 맞물려 만들어내는 상징적인 존재다.

불꽃을 튀기는 용접 로봇_Technicians

특히 산업용 로봇 시장의 성장세가 두드러진다. 산업용 로봇 시장 규모는 2025년 551억 달러(약 78조 7,930억 원)에서 2035년까지 연평균 18.1% 성장해 2,911억 달러(약 416조 2,730억 원)에 이를 것으로 예상된다. 제조업을 비롯해 자동차, 전자, 식음료, 제약 산업 등 다양한 분야에서 자동화 요구가 빠르게 증가하면서 산업용 로봇 도입이 확대되고 있다.

이러한 흐름 속에서 협동 로봇의 부상도 눈에 띈다. 협동 로봇은 인간과 함께 안전하게 일한다는 장점 덕분에 제조업은 물론 의료, 물류, 식음료 서비스 분야에서도 빠르게 자리 잡고 있다. 협동 로봇 시장 규모는 2025년 42억 3,000만 달러(약 6조 489억 원)에서 2030년까지 연평균 30.6% 성장할 것으로 전망된다.[11]

실제 현장에서도 협동 로봇이 사람과 안전하게 협력하는 사례가 점차 늘어나고 있다. 현대자동차 아이오닉 5 생산 라인에서는 작업자와 협동 로봇이 정밀한 조립 작업과 무거운 부품 운반을 효율적으로 분담하며 생산성과 안전성을 높이고 있다. 뉴로메카의 협동 로봇은 중소기업의 생산 라인에서 작업자와 긴밀하게 협력해 제품 조립부터 품질 검사까지 수행하며 효율성을 극대화한다.

또한 두산로보틱스는 프랜차이즈 커피 매장에 협동 로봇 기반 바리스타 솔루션을 도입해[12] 기존 매장 구조를 그대로 활용하면서도 효율적

◉ 이륙하는 KF-21 전투기_한국항공우주산업   ◉ 해군에 도입된 협동 용접 로봇_뉴로메카

인 직원 동선을 만들었다. 레인보우로보틱스는 항공우주 산업에 뛰어들어 한국형 전투기 KF-21을 제조하는 과정에서 협동 로봇을 활용한 드릴링 작업을 도입해 작업의 정밀성과 안전성을 크게 높이고 있다.[13]

협동 로봇 시장은 여전히 성장 중이지만 지속적인 성장을 위해서는 현장 안전성 확보와 기술적 신뢰성, 윤리적 문제 등 해결해야 할 과제가 여럿이다. 기술적 혁신뿐 아니라 사회적 합의와 제도적 준비가 함께 이뤄질 때 협동 로봇의 미래는 더욱 밝아질 것이다.

휴머노이드 로봇은 언제 돈을 버나요?

서비스 로봇 분야에서도 눈에 띄는 성장이 이어졌다. 국제로봇연맹의 조사에 따르면 전문 서비스 로봇 판매량은 20만 5,000대를 돌파하며 전년 대비 큰 성장세를 보여줬다. 특히 물류, 의료, 청소 등 전문 서비스 로봇 분야는 전체 서비스 로봇 판매 건수 중 절반 이상을 차지하며 시장 확대를 주도하는 중이다.[14] 서비스 로봇 시장의 성장 속도는 향후 산업용 로봇 시장을 능가할 것으로 보인다.

여기서 한 가지 아이러니가 있다. 잠시 함께 생각해보자. 집에서 열심히 일하는 로봇 청소기는 로봇일까, 가전제품일까? 앞 장에서 살펴본 것처럼 로봇 시장은 폭발적으로 성장하고 있다. 그런데 그 성장의 이면을 보면, 조금 다른 흐름이 보인다.

서비스 로봇 중 가장 성공적인 비즈니스 모델을 만들어낸 로봇 청소기는 기술적으로 여전히 로봇이지만 사회적으로는 어느새 가전제품이 돼버렸다.

로봇 청소기 안에는 놀라운 기술이 집약돼 있다. 집집마다 다른 구조인 공간을 자율적으로 누비려면 실시간 위치 추정 및 지도 작성 기술이 필요하다. 바닥에 있는 물체가 쓰레기인지 판단하려면 정교한 사물 인식 기술이 요구된다. 배터리가 부족하면 스스로 충전 도크를 찾아가 기계적 결합을 수행해야 하고, 필요에 따라 청소 도구를 교체한 뒤 다시 작업을 이어가야 한다. 이런 기술 수준은 자율주행 자동차와 견줄 만하다.

이뿐만이 아니다. 로봇 청소기는 서비스 로봇 분야에서 드물게 확실한 시장성을 입증한 사례이기도 하다. 글로벌 시장 규모는 2024년 기준 약 90억 달러(약 12조 8,700억 원)에 달한다. 2033년에는 약 277억 달러(약 39조 6,110억 원)까지 성장할 것으로 전망된다.[15] 로봇공학자들이 늘 듣는 "그래서, 돈 버는 비즈니스는 언제 시작하시나요?"라는 날카로운 질문에 당당히 답할 수 있는 자랑거리인 셈이다.

우리나라 기업들도 2000년대 초반부터 이 시장에서 선두를 달렸다. 하지만 지금은 상황이 완전히 달라졌다. 로보락, 에코백스, 드리미 같은 중국 기업들이 글로벌 시장을 장악했다. 특히 로보락은 2024년 상반기 국내 로봇 청소기 시장에서 46.5%의 점유율로 1위를 기록했다. 여기서 다시 질문으로 돌아가보자. 로봇 청소기는 과연 로봇일까, 아니면 일반 가전제품일까?

로봇은 미래적 판타지와 현실적 비즈니스라는 두 마리 토끼를 동시에 잡아야 하는 숙명을 지녔다. 로봇 청소기가 처음 등장했을 때가 그랬다. 스스로 집 안을 돌아다니며 청소하는 모습이 미래에서 온 듯했기 때문이다. 소비자들은 '로봇'이라는 이름에 특별한 기대를 걸었다. 기업들도 이를 미래 기술로 포지셔닝했다. 하지만 시간이 지나면서 익숙해진 로봇 청소기는 어느새 냉장고나 세탁기처럼 '그냥 집에 있는 가전제품'으로 자리 잡았다. 로봇 청소기에서 미래적 판타지 요소가 없어지자 더 이상 '로봇'으로 여기지 않게 된 것이다. 그나마 제품명에서 '로봇'이라는 단어를 지워버리지 않은 것만 해도 다행이라 해야 할까.

그런데 흥미롭게도, 이미 가전으로 간주하는 시장의 인식과 달리 최근 중국 기업들은 로봇 청소기에 팔을 달기 시작했다. 기술적으로는 청소 효율성을 높이기 위한 것이지만, 다르게 생각해보면 '로봇'이라는 판타지를 놓치지 않기 위한 일종의 전략이라고 볼 수 있다. 단순히 바닥을 닦는 기계가 아니라, 물건을 인식하고 조작할 수 있는 '로봇다운 로봇'으로 남기고자 하는 시도 말이다.

로봇이 가전으로 편입되는 정체성 변화가 시장 경쟁력과 완전히 무관하다고 보기는 어렵다. 현재 글로벌 로봇 청소기 시장을 주도하는 중국 기업들의 공격적인 투자와 빠른 대응이 주효한 것도 사실이지만 말이다.

솔직히 말하자면 KAIST 제자나 아들이 "저는 우리나라 대기업에 들어가 세상에서 가장 좋은 로봇 청소기를 연구하고 싶어요!"라고 말한다면, 필자도 고민에 빠질 것 같다. "그건 이제 가전제품 아니냐"고. 물론 잘못된 꿈이라는 뜻은 아니다. 이 에피소드는 우리가 로봇 산업을 어떻게 바라봐야 하는지에 대한 중요한 단서를 제공한다.

우리는 로봇을 볼 때 미래적인 판타지로서 기대하는가, 아니면 현실적인 비즈니스로서 기대하는가? 로봇 청소기 입장에서 말하자면 이렇다. "여러분, 제가 판타지스러울 때는 관심을 많이 주셨는데, 왜 실제로 돈을 벌어오기 시작하니 차갑게 대하시나요?"

사실 이 질문은 청소 로봇에만 해당하지 않는다. 최근 강연 현장에서 가장 자주 받는 질문이 "휴머노이드 로봇은 언제 돈을 버나요?"다. 사람들은 휴머노이드 로봇의 미래를 기대하면서도, 동시에 "도대체 언제 수익이 나느냐"고 묻는다. 판타지와 비즈니스 사이에서 로봇을 재단하려는 이분법적인 시선이 드러난다.

지금 전 세계가 주목하는 휴머노이드 로봇도, 우리가 두려워하는 '일자리 킬러' 논쟁도 결국 같은 맥락에서 이해해야 한다. 로봇을 단순히 미래의 꿈으로만 보거나, 반대로 당장의 손익 계산서로만 평가해서는 진짜 가능성을 놓치게 된다. 우리는 로봇 산업이 성숙해가는 과정에서 이 두 가지 시선 사이의 균형을 찾아야 한다.

그렇다면 로봇은 정말 우리의 일자리를 빼앗을 것인가? 이 질문에 답하기 전에, 우리가 로봇을 어떤 존재로 받아들일 것인지 먼저 정리할 필요가 있다.

로봇은 정말
일자리 킬러일까?

일자리 킬러인가, 든든한 동반자인가

로봇 기술이 발전하며 우리에게 가까워질수록, 다시 한 번 되풀이되는 논쟁이 있다. 수많은 디스토피아 SF 영화에서 그린 것처럼, 로봇이 인간의 역할을 대신하다가 결국 일자리 자체를 빼앗을지도 모른다는 우려다.

실제로 로봇과 자동화 기술이 산업 현장 곳곳에서 사람의 노동을 대체하는 사례가 늘어나면서 이러한 걱정이 상상을 넘어 현실적인 불안으로 다가오고 있다. 로봇이 효율성과 생산성을 높이는 네 큰 도움이 된다는 점은 분명하지만, 한편으로는 인간을 위협하는 일자리 킬러가 될 수 있다는 불안감을 쉽게 지울 수 없는 현실이다.

그렇다면 실제로 로봇 기술은 우리의 일자리를 얼마나 위협하고 있을까? 최근 세계경제포럼이 발표한 〈미래 일자리 보고서 2025 The Future of Jobs Report 2025〉[16]는 이 질문에 답하며 의미 있는 통찰을 제시한다. 보고서에 따르면 로봇과 자동화 기술은 2030년까지 일자리 약 9,200만 개를 대체할 가능성이 있지만, 동시에 새로운 일자리 약 1억 7,000만 개를 창출할 것이다.

즉, 기술 발전과 로봇 자동화를 통해 오히려 약 7,800만 개에 달하는 일자리가 더 생길 거라는 말이다. 새로운 일자리는 주로 IT와 디지털 기술, 헬스케어 등 신성장 산업 분야에 집중될 것으로 보인다.

이러한 전망은 세계 각국 기업의 사례에서도 확인할 수 있다. 캐나다 제조업 연합 Canadian Manufacturers&Exporters, CME의 조사에 따르면 캐나다 제조업에서는 로봇과 자동화 설비를 도입한 이후 생산성이 향상됐고, 전체적인 고용 규모는 오히려 증가했다.[17] 단순 반복 작업에 투입됐던 기

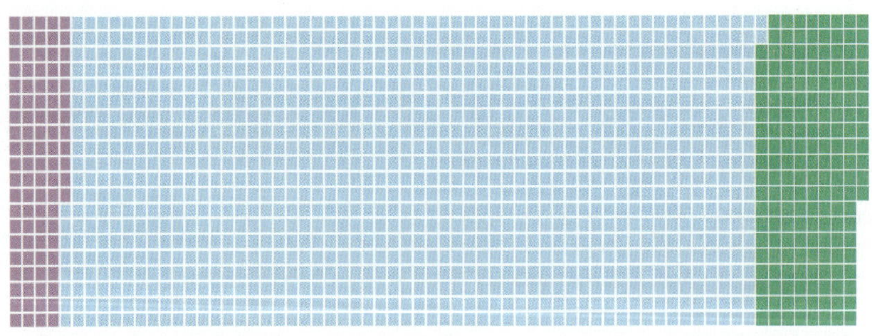

2030년 전 세계 고용 변화 예상_세계경제포럼

존 노동자들은 더 창의적이고 생산적인 업무에 배치됐으며, 이는 근로자의 업무 만족도와 기업 경쟁력을 동시에 높이는 결과로 이어졌다.

독일의 글로벌 기업 보쉬 Bosch는 2014년에 세계 최초로 보호 장치 없이 사람과 로봇이 안전하게 협력 Collaboration하며 함께 일하는 스마트 팩토리 Smart Factory를 구축했다.[18] 협동 로봇이 근로자와 같은 공간에서 일하게 되면서 근로자는 위험하거나 반복적인 신체 부담에서 벗어났다. 그리고 더욱 창의적이고 전문적인 업무를 수행하게 됐다. 그리고 이 과정에서 고부가 가치를 창출하는 신규 직무들이 생겨났다.

스웨덴의 가전 기업 일렉트로룩스 Electrolux는 로봇 도입을 통해 생산성을 25% 이상 높이고 직원들의 근무 환경을 크게 개선했다.[19] 기존에 사람이 담당하던 무겁고 반복적인 작업은 로봇들이 맡게 됐고, 근로자들은 단순 작업에서 벗어나 로봇 관리·유지 보수 같은 새로운 업무를 할 수 있도록 교육해 로봇과 함께 일할 전문성을 갖추게 했다. 즉 로봇 도입으로 일자리가 줄어든 것이 아니라, 기존 인력을 재배치하는 계기로 삼아 직원들이 이전보다 더 안전한 환경에서 효율적으로 업무를 수행하게 된 것이다.

이러한 사례들이 들려주는 메시지는 명확하다. 로봇은 무조건 인간의 일자리를 빼앗는 킬러가 아니다. 오히려 인간이 더 창의적이고 의미 있는 일을 하도록 도와주는 동반자가 될 가능성이 크다.

물론 이러한 산업 혁신과 변화 과정에서 직업의 형태가 달라질 것이고, 새롭게 요구되는 기술을 습득하려는 노력도 필요하다. 사회에서도 재교육과 직업 훈련 프로그램 같이 적극적인 정책 지원 프로그램을 마련해, 로봇이 가져올 변화의 물결에 잘 대응할 수 있도록 준비해

보쉬 스마트 팩토리에서 인간과 협력하는 협동 로봇_Bosch

야 한다.

결국 로봇과 자동화 기술의 발전은 단순한 위협이 아니라, 우리에게 새로운 도전과 기회를 가져다주는 변화다. 산업 혁명 시기에 러다이트 운동이 남긴 교훈처럼, 중요한 것은 기술의 발전 자체를 막는 것이 아니라 그 변화에 현명하게 적응하고 대비하는 자세다. 로봇 기술과 함께하는 미래는 우리에게 더 큰 가능성과 새로운 기회를 제공하는 장이 될 것이다.

오늘날 로봇과 자동화 기술을 둘러싼 일자리 논쟁을 보면 오래된 이야기가 떠오른다. 바로 19세기 초 영국에서 일어난 러다이트^{Luddite} 운동이다. 산업 혁명이 한창이던 당시, 수작업을 하던 숙련 노동자들은 기술 발전이 생계를 위협한다고 생각해 기계를 파괴하는 운동을 벌였다. 그러나 저항에도 불구하고 기계화와 산업화의 흐름은 멈추지 않았다. 오히려 산업 혁명은 새로운 일자리와 산업을 낳았고, 전체적인 고용 규모를 더욱 확대했다.

역사는 우리에게 같은 교훈을 남긴다. 중요한 것은 기술 발전을 막는 게 아니라, 변화에 어떻게 대응하느냐다. 로봇 기술은 새로운 산업 혁명의 한 축이다. 우리는 기술을 두려워하기보다는 새로운 기회로 바라보고 슬기롭게 맞이해야 한다.

종성 없는 전쟁,
미·중 로봇 패권 경쟁

미국형 VS 중국형 로봇 산업

최근 로봇 산업은 기업 간의 경쟁을 넘어 국가 간의 전략적 경쟁 대상이자, 기술 패권을 둘러싼 새로운 전장으로 부상하고 있다. 특히 미국과 중국의 치열한 경쟁은 전 세계 로봇 산업의 판도를 뒤흔들고 있다. 이는 마치 냉전 시대에 벌어진 우주를 향한 경쟁을 연상케 한다.

이러한 경쟁이 더욱 격해지는 이유는 로봇 기술이 단순한 제조업 도구를 넘어, 국가 경쟁력과 안보를 좌우하는 핵심 기술로 올라섰기 때문이다. AI와 로봇의 결합, 자율주행과 물류 자동화, 의료 및 서비스 로봇의 확산 그리고 휴머노이드 로봇의 등장까지 이어지면서 로봇 기술이 적용되는 범위가 급속히 커지고 있다. 결국 이 분야에서 주도권을 잡는 국가가 미래 산업과 사회 전반을 좌우할 영향력을 차지할 것이다.

미국은 실리콘밸리의 자유로운 문화를 기반으로 민간 주도 생태계를 구축하고 있다. 중국은 정부가 방향을 제시하되 민간의 빠른 실행력을 활용하는 독특한 모델을 발전시키는 중이다.

미국의 로봇 생태계를 한마디로 표현하자면 '지능을 키우는 나라'다. 실리콘밸리와 MIT, 스탠퍼드, UC 버클리로 이어지는 연구 네트워크는 'AI와 소프트웨어 중심 기술 개발'에 집중하면서 로봇의 '두뇌'를 고도화하는 데 주력해왔다. 하드웨어 품질 역시 세계 최고 수준이지만 대량 제조와 빠른 확산보다는 로봇의 판단과 자율성 같은 지능 및 이를 구현하는 알고리즘과 시스템 설계에 무게 중심을 둔 접근 방식은 미국 기술 산업의 전통적인 강점이 그대로 반영된 결과다.

대표적인 사례로는 테슬라의 휴머노이드 로봇 옵티머스와, 최근 큰 주목을 받는 스타트업 피규어 AI의 인간형 로봇 피규어가 있다. 두 로봇 모두 AI 중심의 혁신을 상징적으로 보여주는 예다. 미국은 로봇의 행동을 학습하는 강화 학습과 딥러닝 등 AI 기술에서 독보적인 우위를 확보하며 글로벌 로봇 산업을 선도하고 있다.

미국의 로봇 산업은 민간 중심의 자율적 발전 모델을 근간으로 한다. 정부가 직접적으로 산업을 주도하기보다는 민간 기업과 연구소가 자율적으로 혁신을 이룰 수 있도록 기초 연구 지원과 규제 완화 같은 환경을 조성하는 데 주력한다. 이러한 정책의 핵심 프로그램은 2011년 출범한 국가 로보틱스 이니셔티브National Robotics Initiative, NRI다.

NRI는 2011년 오바마 행정부에서 출범해 협동 로봇과 인간-로봇 상호작용 연구를 지원하며 의료, 재활, 농업, 교육, 국방 등 다양한 분야에서 미국 로봇 연구의 기반을 다졌다. 12년간 약 2억 달러(약 2,860억 원)에 달하는 예산이 투입돼 300개 이상의 프로젝트를 지원했으며, 그중에서도 2021년 시작한 NRI 3.0은 AI·기계 학습·체화된 지능 Embodied Intelligence(로봇이 몸으로 환경과 상호작용하며 지능을 발휘하고 진화하는 구조) 융합을 중심으로 인간-로봇 협업의 안전성과 신뢰성 강화에 초점을 맞췄다.

프로그램은 2022년 5월에 공식 종료됐으나 NRI 3.0 단계에서 지원받은 일부 프로젝트는 2023년까지 연구가 계속됐다. 그 철학과 연구 방향은 이후 미국 로봇 정책의 기반으로 계승되고 있다. 이후 기초 로봇 연구 Foundational Robotics Research, FRR 프로그램이 NRI의 철학과 연구 방향을 이어가고 있으나, 지원 범위가 축소됐고 부처 간 협력도 약화되면서 로봇 분야 연구자들 사이에서는 우려의 목소리가 나오고 있다.

현재는 2009년 이후 약 4년 주기로 개정되는 '로보틱스 로드맵 National Robotics Roadmap'이 미국 로봇 산업의 장기 전략을 이끄는 핵심 지침으로 자리 잡았다. 2024년 발표한 5차 개정판에서는 물리적 구현과 조작, 인식, 체화된 AI, 기계 학습, 인간-로봇 상호작용을 핵심 연구 주제로 제시했다. 주목할 만한 점은 "로봇을 다시 국가 우선순위로 삼아야 한다"라고 경고하며 '의회 내 로봇 전담 자문 기구 부활'을 주요 권고 사항에 포함했다는 것이다.

현재 의회 내 AI 자문 기구는 기계 설계, 소프트 로봇, 제어 등 로봇 기술의 핵심 영역을 직접적으로 다루지 못한다. 따라서 물리적 상호작용에 초점을 둔 별도의 로봇 전담 자문 기구를 부활시키려는 움직임으로 해석할 수 있다. 로보틱스 로드맵은 중국, 유럽, 한국이 국가 전략으로 로봇 산업을 추진하는 동안 미국의 정부 지원이 약화됐다는 위기의식을 담고 있다. 민간 중심 혁신이라는 미국 모델의 강점이 역설적으로 정부의 전략적 조율 부재로 이어질 수 있다는 자성의 목소리다.

이러한 접근은 정부가 산업을 직접 통제하기보다는 전문가 집단을 통한 정책 자문과 방향 제시에 중점을 두는 미국 특유의 거버넌스 방식을 잘 보여주며, 중국과 같은 강력한 정부 주도형 모델과 뚜렷하게 대조되는 특징이다. 하지만 이러한 미국 시스템 특유의 약점도 있다. 미국 내 제조 기반이 약화되고 있기 때문이다. 공장이 해외로 이전하면서 로봇을 실제로 활용할 현장 자체가 줄어든 것이다.

AI와 소프트웨어에서 앞서 있어도 제조 현장이 뒷받침되지 않으면 기술 우위를 산업 경쟁력으로 연결하기 어렵다. 로보틱스 로드맵이 경고한 위기의식은 바로 이 지점을 겨냥한다. 미국 정부 역시 이러한 문제를 인식하고 제조업 리쇼어링(해외로 이전한 생산 시설을 다시 본국으로 들이는 것)을 강조하며 산업 경쟁력 강화를 유도하고 있고, 동시에 NRI 종료 이후에도 NSF 'AI for Robotics' 공모, DoD 'Human-Machine Teaming' 프로그램 등 AI와 로봇 융합 연구를 가속화하기 위한 정책들을 연이어 발표하며 민간 투자 활성화를 뒷받침하는 중이다.

미국이 '머리를 키우는 나라'라면, 중국은 '몸을 키우는 나라'라고 할 수 있다. 중국은 세계 최대 규모 제조업 인프라를 바탕으로 하드웨어 중심 성장 전략을 택했다. 로봇을 대량으로 생산하고 빠르게 시장에 풀어내는 데 집중한 것이다. 이 차이는 단순한 기술 전략이 아니라,

두 나라가 지닌 산업 인프라와 정책 시스템의 근본적인 구조 차이에서 비롯된다. 이미 세계의 공장이라 불릴 만큼 강력한 제조 역량을 갖춘 중국은 이를 적극적으로 활용해 로봇 하드웨어 생산 능력을 비약적으로 확장해왔다.

중국은 2015년 '중국 제조 2025 Made in China 2025'를 시작으로 로봇 산업을 국가 핵심 전략 산업으로 지정했다. 이어서 2016년에는 '로봇 산업 발전 계획(2016-2025)'을 발표하며 초기 로드맵을 제시했고, 2021년에는 '로봇 산업 14차 5개년 계획(2021-2025)'을 통해 응용 확대와 연 20% 안팎의 성장 가속을 천명했다. 이 시기부터 중국 정부는 세제 혜택과 보조금 지원, 산업 클러스터 조성을 통해 기업들이 로봇 사업 규모를 빠르게 확대할 수 있도록 지원하며 생태계 구축에 집중했다. 국제로봇연맹에 따르면 중국은 이미 전 세계 산업용 로봇 설치량의 절반 이상을 차지하고 있으며, 로봇 밀도에서도 독일과 일본을 추월한 것으로 나타났다.

이러한 정책의 실질적 집행 기반은 국가 실험실 National Laboratory과 전국 중점 실험실 State Key Laboratory 체계다. 국가 실험실은 국가 전략 과제를 직접 수행하는 최상위 미션형 연구 거점이며, 그 아래 530여 개의 전국 중점 실험실들이 세부 기술 분야별로 분산돼 있다. 국가 실험실이 방향을 제시하면 전국 중점 실험실이 이를 기술로 구체화하고, 기업은 그 결과물을 상용화하는 구조다.

다만 의아한 점은 이 방대한 네트워크 안에서 휴머노이드 로봇을 전담하는 실험실을 찾기 어렵다는 사실이다. 중국 정부는 여전히 용접, 물류, 검사, 조립 등 명확한 산업 목적을 가진 '산업용 로봇'을 우

무용수와 함께 춤을 선보이는 유니트리 휴머노이드 H1_South China Morning Post(상단), Unitree(하단)

중국 유니트리 로보틱스의 휴머노이드 H1은 2025년 춘절 갈라 무대에서 전통 민속춤을 성공적으로 선보이며 글로벌 시장에 강한 인상을 남겼다. 유니트리는 최근에 더욱 발전한 기술을 갖춘 최신형 로봇 G1을 발표하며 휴머노이드 로봇 시장에서 중국의 존재감을 더욱 뚜렷하게 드러내고 있다.

선순위에 두고 있으며, 휴머노이드 로봇은 정책의 중심보다는 주변부에 머물러 있다. 그럼에도 최근 몇 년 사이 휴머노이드 분야가 급격히 성장한 것은 정부가 직접 설계한 결과라기보다 이미 구축된 제조 인프라와 인재 풀 위에서 민간이 자율적으로 키워낸 성과에 가깝다.

결국 중국의 로봇 산업은 '정부가 설계한 틀과 민간의 성장 속도'가 결합하는 독특한 양면 구조로 작동한다. 국가는 국가 실험실과 정책을 통해 방향과 질서를 제시하고, 민간은 그 질서 위에서 경쟁과 실험을 반복하며 기술에 대한 꿈을 현실로 바꾼다. 이러한 구조적 토양이 바로 이후 등장할 '중국 대약진'의 배경이자, 세계 로봇 산업에서 영향력을 키워가는 중국 모델의 출발점이라 할 수 있다.

다만 소프트웨어 기술이나 핵심 부품 고급화에 있어서는 여전히 미국을 포함한 서방 선진국들에 뒤처져 있다. 특히 미국의 첨단 기술 수출 제한으로 반도체 같은 주요 부품을 안정적으로 확보하는 데 어려움을 겪고 있어, 이를 타개하기 위해 자체적인 기술 개발과 핵심 부품 국산화를 추진하고 있다.

이처럼 미국과 중국의 로봇 산업 성장 전략은 서로 다른 방향으로 전개돼 왔다. 미국은 민간 중심의 자율적 혁신과 글로벌 기술 표준 주도에 집중하고, 중국은 강력한 제조 역량과 정부의 집중 지원으로 빠른 양적 성장을 이끌고 있다.

이러한 미·중 로봇 경쟁은 앞으로 더욱 치열하게 전개될 전망이다. 두 국가의 경쟁은 단순한 기술 발전을 넘어 글로벌 기술 표준과 시장 주도권을 둘러싼 패권 경쟁으로 확장되고 있다. 결국 승부를 가르는 요인은 단일한 기술의 우위가 아니라 정책과 산업, 시장이 얼마나 균형 있게 맞물려 작동하느냐다.

　우리나라 역시 로봇 산업 육성에 큰 노력을 기울이고 있다. 하지만 현재 미·중 양강 구도 속에서 독자적인 입지를 확보하기는 쉽지 않은 상황이다. 따라서 이 경쟁의 흐름을 면밀히 관찰하며 우리나라만의 기술적 강점과 돌파구를 발굴하고, 전략적 대응과 글로벌 협력을 통해 지속 가능한 경쟁력을 마련해야 한다.

중국 로봇 산업 대약진 뒤에 숨은 전략

　중국 로봇 산업이 이처럼 빠른 속도로 성장한 비결은 '기술 자급자족 전략', '공격적인 인재 육성 및 투자'다. 중국 정부는 미국의 기술 수출 규제에 맞서, 강력한 정부 주도 정책에 기반한 인수 합병Mergers and Acquisitions, M&A 과 대규모 연구 개발Research and Development, R&D 투자로 기술적 독립성을 확보하고 있다.

　정부가 '중국 제조 2025'로 방향을 제시한 뒤, 민간의 속도가 정책의 틀 안에서 폭발적으로 가속화됐다. 지방 정부, 스타트업 그리고 젊은 기술자들이 대거 참여하며 중국 로봇 산업 전반이 빠르게 팽창하고 있다.

　또 전기차 산업에서 다듬어진 배터리·모터·센서 기술이 로봇 분야로 흘러들어가면서 젊은 창업가들이 잇따라 새로운 회사를 세웠다. 유니트리의 소비자용 휴머노이드 G1, 유비텍Ubtech 의 산업용 휴머노이드 워커 S가 그 변화의 대표적인 사례다.

아울러 로봇의 핵심 부품인 감속기, 서보 모터, 제어기, 센서 국산화를 최우선 목표로 설정하고 연구 개발비 세액 공제와 보조금 정책을 적극 시행하고 있다. 그 결과 중국의 신흥 산업 연구 기관인 고공상업연구원Gaogong Industry Institute, GGII에 따르면 2023년 중국에서 판매된 산업용 로봇 가운데 중국 브랜드가 52.5%를 차지하며 처음으로 외국 브랜드 판매량을 추월했다.[20] 같은 해 중국은 글로벌 산업용 로봇 신규 설치량 중 51%를 차지하며 글로벌 시장 점유율에서도 절대적인 우위를 확보했다.[21]

중국은 동시에 기술 난이도가 높은 휴머노이드 로봇 분야에도 공격적인 투자를 이어가고 있다. 2021년 12월 중국 공업정보화부, 국가발전개혁위원회, 과학기술부 등 15개 부처가 합동으로 발표한 '14차 5년(2021~2025) 계획'에서는 휴머노이드 로봇을 국가 전략 산업으로 공식 지정하면서 2025년까지 휴머노이드 로봇 대량 생산 체계 구축, 2027년까지 안전하고 신뢰할 수 있는 산업 및 공급망 생태계 조성을 목표로 제시했다.

중국정보산업발전센터는 중국의 휴머노이드 로봇 시장 규모가 2025년 53억 위안(약 1조 600억 원)에서 2029년 750억 위안(약 15조 원)까지 급성장할 것이라 전망했다. 또 2035년까지 기업용 로봇 75만 5,000대, 소비자용 로봇 126만 대 생산을 목표로 삼았다.

중앙 정부뿐만 아니라 상하이, 베이징, 선전 등 지방 정부의 움직임도 활발하다. 상하이는 140억 달러(약 20조 200억 원) 규모의 스마트 로봇 산업 클러스터 조성을 추진 중이다. 선전시는 시가총액 100억 위안(약 2조 원) 이상 기업 10곳, 10억 위안(약 2,000억 원) 규모 기업 20곳을 육성하겠다고 밝혔다. 또한 상하이 푸둥의 '국가·지방 합작 휴머노이드 로봇 혁신 센터'에서는 아지봇 Agibot, 푸리에 인텔리전스, 유비텍 등 주요 민간 기업이 협력해 '오픈룽 OpenLoong'이라 불리는 피지컬 AI 오픈 플랫폼을 운영하며 로봇 학습 데이터와 표준 모듈을 공유하고 있다. 이러한 중국의 전략에는 단순한 양적 성장을 넘어 자체 기술 역량을 기르고 독자적인 기술 생태계를 구축해 글로벌 로봇 산업에서 기술적 독립성을 확보하겠다는 장기적인 국가 목표가 담겨 있다.

현재 중국은 로봇 관련 특허만 19만 건 이상 보유해 세계 1위를 기록했고, 30개가 넘는 기업이 휴머노이드 로봇 개발에 참여하고 있다. 이는 기술 독립의 속도를 보여주는 지표지만, 핵심 부품 국산화율은 여전히 낮다. 중국 로봇 산업의 대약진은 분명 빠르다. 하지만 그만큼 불균형도 심화되고 있다. 향후 중국이 반도체와 휴머노이드 로봇 분야에 더욱 집중할 계획을 세우고 있는 만큼, 글로벌 로봇 산업의 주도권을 실제로 확보할 수 있을지는 앞으로의 전략적 대응과 기술 발전 속도에 달렸다.

로봇과 함께
커지는 산업들

　로봇 한 대가 완벽하게 작동하기 위해서는 방대한 기술과 산업 생태계가 함께 움직여야 한다. 이 구조는 앞선 장에서 소개한 로봇 산업 생태계의 피드백 제어 시스템을 통해 살펴봤다. 세련된 외형과 부드러운 동작 뒤에서 기계, 전기, 전자, 소프트웨어, AI, 통신, 소재, 법과 제도까지 여러 분야가 정교하게 맞물려야 비로소 제대로 된 로봇 한 대가 탄생한다.

　가령 로봇 팔 하나가 일정한 힘으로 움직이려면 구동기 안에서 모터와 감속기가 미세한 회전력을 주고받고, 각종 센서가 현재 부하 상태를 재빠르게 감지해 제어기에 신호를 보내야 한다. 이때 제어기에서 적절히 판단하지 못하면 과도하게 큰 힘을 쓰거나 예상치 못한 움직임이 나타날 수 있다. 사람과 같은 공간에서 일하는 협동 로봇이라면 작업자에게 위해를 가할 수도 있으므로 하드웨어·전자 회로·센서·제어 시스템이 훨씬 더 정교하게 설계돼야 한다.

그렇지만 하드웨어와 제어 기술만이 훌륭하다고 끝나는 건 아니다. 최근에는 로봇에게 스스로 판단하고 움직이는 능력까지 요구되면서 AI 기술이 로봇 내부로 깊숙이 들어오고 있다. 카메라나 라이다 같은 센서로 주변 환경을 인식하고 딥러닝 모델이 데이터를 분석해 장애물을 우회하라는 명령을 내리는 식이다.

로봇 여러 대가 동시에 움직이며 정보를 주고받으려면 유무선 통신망과 대규모 서버 인프라가 필수다. 즉 하드웨어가 아무리 단단해도 로봇이 실제로 '똑똑하게' 움직이려면 컴퓨팅 파워와 네트워크 기술이 함께 발전해야 한다는 말이다.

로봇이 사람에게 가까이 다가올수록 설계 조건이나 안전 규격은 더 까다로워지기 마련이다. 예를 들어 사람의 신체를 감싸는 웨어러블 로봇에는 의료 기기 관점의 규제가 적용된다. 재활 치료뿐 아니라 노약자의 일상생활 보조를 목적으로 하는 경우에도 의료 기기 등급에 대한 인증 요구가 점차 강화되고 있다. 법과 규제뿐 아니라 제품의 품질 측면에서도 무게와 부피, 편안한 착용성을 고려한 인체공학적 설계, 심미적 디자인 모두가 중요하다.

한편 효율적인 활동 보조를 위해서는 강력한 구동기와 정밀한 센서, 대용량 배터리를 통합해야 하는데 그럴수록 제품의 무게와 부피가 늘어나 사용성이 떨어진다. 그래서 소재공학, 소형화 기술, 의료 기기 인증 같은 여러 문제를 풀어야만 웨어러블 로봇이 일반 사용자에게 가까이 다가갈 수 있다.

로봇을 섬세한 기계나 똑똑한 AI로만 바라본다면 그 이면의 거대한 후방 산업을 놓치게 된다. 실제로 현대의 지능형 로봇은 부품의 종류나 가짓수만 따져도 자동차에 버금가는 수준이다. 수천 개에 달하는 정밀 부품과 복잡한 조립 공정, 그리고 다양한 소재와 기술이 유기적으로 결합해야 비로소 완성된 로봇이 탄생한다.

로봇은 그야말로 공학 분야의 종합 예술이라고 할 수 있다. 이처럼 다양한 분야가 유기적으로 발전하고 협력할수록, 지능형 로봇의 미래는 우리 상상보다 훨씬 더 다채롭고 풍부하게 펼쳐질 것이다.

로봇 산업의 밸류 체인, 부품에서 서비스까지

로봇과 산업이 함께 성장하는 흐름은 크게 두 가지로 나눌 수 있다. 하나는 로봇 산업 자체의 부가 가치, 즉 밸류 체인Value Chain이고 다른 하나는 로봇 기술과 함께 상호 보완적으로 발전하는 연관 산업들이다.

로봇 산업의 성장은 단순히 로봇을 만들어 판매하는 것으로 끝나지 않는다. 로봇이 만들어지고 사용되는 전 과정에서 수많은 산업이 긴밀히 연결돼 커다란 생태계를 형성한다. 로봇 산업의 밸류 체인은 크게 4단계로 나눠 살펴볼 수 있다. 산업은 '핵심 부품 → 로봇 제조 → 시스템 통합 → 서비스 및 유지 보수'로 이어지며, 각 단계는 서로 맞물려 움직이는 유기적인 구조를 이룬다.

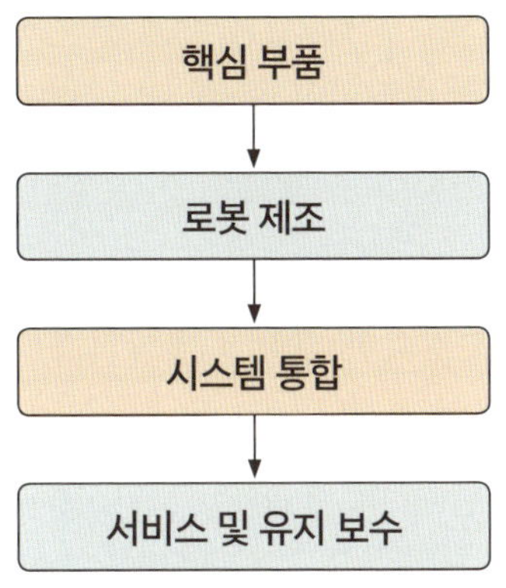

로봇 산업 밸류 체인 다이어그램

① 핵심 부품 산업

로봇의 성능과 경쟁력은 정밀하면서도 내구성이 높은 부품에서 시작된다. 대표적으로 로봇의 움직임을 담당하는 정밀 감속기와 모터(구동기), 주변 환경을 정확히 인지하고 판단하도록 돕는 센서와 제어기 등이 있다. 이러한 부품들은 로봇이 정확하고 안정적으로 동작하게 만드는 기반 기술이며, 전체 로봇 시스템의 성능을 결정하는 중요한 요소다.

'감속기'는 모터의 빠른 회전 속도를 낮춰 큰 힘(토크)을 만들어주는 부품이다. 특히 무거운 물체를 정밀하게 이동시키거나 정확한 위치에서 반복 작업을 수행할 때 필수적인 기술로, 로봇의 정밀성과 내구성에 직접적인 영향을 준다. 전통적으로 산업용 로봇 부품 시장에서는 일본 기업들이 오랜 기술력을 바탕으로 시장을 선도해왔다.

특히 하모닉 드라이브 Harmonic Drive 와 나브테스코 Nabtesco 는 기술력과 신뢰성을 기반으로 전 세계 시장에서 80%에 달하는 점유율을 보여준다. 하지만 최근 AI 시대를 맞이하고 로봇 제어 방식의 주류가 위치 제어에서 힘 제어로 변화하면서, 시뮬레이션 모델과 실험 결과의 간극을 줄이는 등 예전에 없던 품질 지표들이 점차 늘어나고 있다. 이에 따라 감속기 기술 분야에도 커다란 변화가 예상된다.

감속기가 자동차의 트랜스미션, 즉 변속기와 같은 역할을 한다면 엔진 역할을 하는 것은 모터, 즉 구동기다. 과거에는 순간적으로 폭발적인 힘을 내기 위해 유압이나 공압을 많이 썼지만 현재는 대부분 전기모터에 기반한 구동 시스템을 쓴다.

이때 모터는 예전처럼 정격 전류 범위 내에서 쓰지 않고, 정격 전류의 몇 배에서 수십 배에 이르는 큰 전류로 한순간에 큰 힘을 만들어낸다. 순간적인 고토크^{Peak Torque}, 즉 높은 회전력을 만들어내는 것이다.

이는 로봇이 하는 일 중에 꾸준히 일정한 힘을 쓰기보다는 짧은 시간에 폭발적인 힘을 발휘하는 작업이 많기 때문이다. 예를 들어 휴머노이드 로봇이 걸음을 내딛거나, 웨어러블 로봇이 사용자를 들어 올릴 때처럼 즉각적인 반응과 순간적인 힘이 필요한 동작에서 이러한 특성이 큰 역할을 한다.

따라서 최근 로봇 시장에서는 작고 가벼우면서도 강력한 모터, 즉 높은 토크 밀도^{High Torque Density}를 지닌 구동기 수요가 커지고 있다. 부피가 작고 무게가 가벼우면서도 큰 회전력을 내는 모터는 공간 제약이 심한 웨어러블 로봇이나 휴머노이드 로봇에 특히 중요하다.

이런 흐름 속에서 각국의 모터 전문 기업들도 새로운 기술 방향을 제시하고 있다. 스위스의 맥슨^{Maxon}은 큰 감속 비율을 사용하는 고속-

저토크 모터의 표준으로 오랜 기간 시장을 이끌어왔으나, 최근에는 중국의 큐브마스^{CubeMars} 등 휴머노이드 로봇에 특화된 저속-고토크 모터 기업들이 늘고 있다.

미국의 콜모겐^{Kollmorgen}은 토크 밀도가 높아 작고 가벼우면서도 큰 힘을 내는 브러시리스 모터를 만들어 협동 로봇과 수술 로봇 분야에 공급한다. 포테스캡^{Portescap}은 휴머노이드 로봇 관절에 적합한 고출력 소형 모터로 주목받고 있다.

독일 로보드라이브^{RoboDrive}의 모터는 회전축이 비어 있어 구조가 간결하고 공간 활용성이 높은 중공축 구조 프레임리스 서보 모터 기술로 협동 로봇과 의료 기기, 항공우주 분야에서 활용된다.

노르웨이 1X 테크놀로지스^{1X Technologies}(구 할로디 로보틱스)의 NEO는 인간의 힘줄과 근육 시스템을 모방해 모터의 회전력을 케이블로 전달하는 케이블 구동^{Tendon-Driven} 기반 직구동 모터, 모터의 회전 속도를 줄이는 대신 회전력(토크)을 증폭시키는 저비감속 기구를 채택해 업계의 관심을 끌고 있다.

국내에서는 코발트-철 기반 자석 등 신소재 기술을 적용해 모터의 출력을 대폭 증가시킨 새로운 모터들이 개발되고 있다. 패러데이다이나믹스^{Faraday Dynamics}에서는 이처럼 신소재를 활용한 새로운 토크 모터를 개발해 삼성전자, 현대자동차, LG전자 주요 로봇 수요 기업과 협력하며, 대한민국 휴머노이드 M.AX 얼라이언스(구 K-휴머노이드 연합)의 소재 부품 그룹에 참여하는 등 활발한 활동을 전개하고 있다.

모터, 즉 구동기란?

로봇을 움직이는 힘의 비밀은 '토크'에 있다. 토크란 회전축에 걸리는 힘의 크기, 즉 모터가 물체를 돌리거나 들어 올릴 수 있는 회전력을 뜻한다.

고속-저토크 모터는 빠르게 회전하지만 힘이 약하기 때문에, 보통 감속기를 결합해 토크를 증폭하는 방식을 사용한다. 구조는 다소 복잡하지만 정밀도와 내구성이 중요한 산업용 로봇에서 가장 널리 쓰이는 방식이다.

반면 저속-고토크 모터는 감속기를 사용하지 않거나, 사용하더라도 감속비를 매우 낮게 설계한다. 천천히 회전하지만 토크가 강해 움직임이 부드럽고 구조가 단순하다. 다만 가격이 비싸고 발열이나 토크 한계 같은 기술적 제약이 있어 아직은 특수한 분야에서만 주로 쓰인다.

구동기의 구조_패러데이다이나믹스

'센서'와 '제어기'는 로봇의 감각과 두뇌(중추 신경)에 해당한다. 센서는 로봇이 주변 환경의 다양한 정보를 정확하게 감지하고 상황을 인식하도록 돕는다. 특히 힘 센서와 토크 센서는 로봇이 물체를 정밀하게 다루거나 인간과 협업할 때 중요한 역할을 한다.

제어기는 로봇의 동작을 실시간으로 계산하고 조정해 로봇이 작업을 정확히 수행하도록 하는 중추 역할을 담당한다. 즉 제어기는 로봇의 판단력을 구현하는 핵심 부품이자 AI·소프트웨어와 직접 연결되는 지점이다.

국내 기업 중 에이딘로보틱스는 힘 센서와 토크 센서를 전문적으로 개발해 협동 로봇 및 휴머노이드 로봇의 성능을 크게 끌어올렸다. 삼성전자 자회사인 레인보우로보틱스, 뉴로메카 등 국내 주요 제조사들이 에이딘로보틱스가 개발한 센서를 채택하면서 국산 부품의 경쟁력을 높이고 있다.

웨어러블 로봇 분야에서는 필자가 창업한 엔젤로보틱스가 구동기와 모터 드라이버(제어기) 등 주요 핵심 부품을 내재화해 글로벌 시장에서도 경쟁력을 갖췄다고 평가받는다. 또한 정밀 감속기 전문 기업 에스비비테크, 로봇 관절 및 액추에이터Actuator(에너지를 기계적 힘과 운동으로 변환하는 핵심 구동 부품으로 인간의 근육에 해당) 전문 기업 로보티즈, 비전 센서 분야의 시냅스이미징, 로봇 제어 시스템의 유엔디, 웰콘시스템즈 등 국내 부품 기업들도 각자의 전문 분야에서 기술력을 축적하며 글로벌 경쟁력을 갖추고 있다.

코로나19 팬데믹과 미·중 무역 갈등으로 인한 글로벌 공급망 위기는 안정적인 핵심 부품 확보가 얼마나 중요한지 다시 한 번 일깨웠다. 이에 따라 핵심 부품 국산화와 공급망 다변화가 로봇 산업의 지속 가능한 성장을 위한 필수 과제가 됐다.

② 로봇 제조 산업(로봇을 제조하는 산업)

로봇 산업의 밸류 체인에서 '제조'는 단순한 조립 이상의 과정을 의미한다. 고정밀 부품들이 모여 완성된 로봇이 되려면 복합적인 제조 공정과 검증 과정이 필요하다. 이처럼 로봇 제조 산업은 로봇이라는 결과물을 실제로 구현하기 위한 핵심 기술과 노하우를 집약하는 단계로, 전체 밸류 체인의 심장부라 할 수 있다.

로봇 제조 산업은 기구 설계, 센서 배치, 제어기 장착, 소프트웨어 통합 등 다양한 기술이 모여야 하는 고난도 분야로 정밀 부품 조립, 품질 관리, 생산 공정 최적화가 핵심이다. 최근에는 특히 모듈화된 설계와 표준화된 부품 사용으로 생산 효율성을 높이고 있다. 여기에 AI 및 빅데이터를 활용한 스마트 제조 시스템과 디지털 트윈^{Digital Twin}(물리적인 대상을 컴퓨터 안에 복제해 모니터링하고 시뮬레이션하는 기술) 기술까지 도입돼 로봇 제조의 정밀도와 생산성을 향상하는 중이다.

국내 로봇 제조 기업들도 빠르게 기술을 축적하며 세계 시장에서 입지를 넓히고 있다. HD현대로보틱스는 제어기와 소프트웨어를 자체 개발해 통합 시스템을 갖춘 산업용 로봇을 생산하고 있으며, 현대위아는 고속 고정밀 가공 로봇에서 출발해 스마트 팩토리용 협동 로봇까지 사업을 확장하고 있다.

두산로보틱스는 사용자 친화적인 인터페이스와 뛰어난 안정성으로 협동 로봇 시장을 선도하고, 2023년에는 코스피 상장에 성공해 글로벌 기업으로 도약하는 중이다. 레인보우로보틱스는 KAIST 교원 창업 기업으로 시작해 휴머노이드 하드웨어 플랫폼을 자체 기술로 개발하고 있다. 또한 협동 로봇으로 매출을 일으키며 코스닥에 상장하고 삼성전자에 편입돼 전략적 협업을 이어나가는 중이다.

이 밖에도 엔젤로보틱스, 에이로봇, 홀리데이로보틱스, 블루로빈, 로브로스, 위로보틱스, 로보티즈, 로보케어 등 다양한 로봇 기업이 각 분야에서 쌓은 전문성을 바탕으로 독자적인 제조 역량을 확보하고 있다. 이들 기업은 부품부터 소프트웨어까지 자체적인 제조 생태계를 만들고자 노력 중이다. 이러한 움직임은 향후 우리나라의 기술 주권 확보를 도울 중요한 발판이 될 것이다.

로봇 제조 산업은 단순한 생산 단계를 넘어, 다양한 기술이 융합하는 플랫폼 산업으로 진화하고 있다. 로봇 한 대가 현장에 투입되기까지 수많은 시제품 제작, 반복적인 검증, 부품 간 정합성 확보 등 다양한 과정을 거쳐야 한다. 제조 기술이 정밀해질수록 산업 현장에 따라 맞춤형 로봇 개발이 가능해지고, 이는 산업 전반의 유연성과 혁신 가능성을 끌어올리는 중요한 동력이 된다.

③ 시스템 통합 산업

시스템 통합System Integration, SI 산업은 로봇을 실제 생산 현장이나 작업 환경에 맞게 설치하고 운영하는 과정을 담당한다. 하지만 이들의 역할은 단순히 로봇을 설치하는 데 그치지 않는다. 로봇 시스템을 기존 생산 공정이나 설비와 유기적으로 연결해 운영 효율을 극대화하는 통합 솔루션을 제공하는 것이 핵심이다.

SI 기업들의 업무는 매우 다양하고 전문적이다. 먼저 고객의 작업 환경을 면밀히 분석하고 요구 사항을 파악한 뒤, 이에 맞는 최적의 로봇 시스템을 설계하고 구축한다. 이 과정에서 로봇과 기존 공정 사이에 통신 네트워크를 만들고, 각종 센서 데이터와 제어 시스템을 통합해 자동화 프로세스를 설계한다. 또한 현장 맞춤형 소프트웨어를 개발하고 실시간 데이터 분석 시스템을 구축하며, 시스템 최적화와 장애 대응까지 담당한다.

설치를 완료한 후에는 작업자 교육, 운영 지원, 예측 유지 보수 등 종합적인 서비스를 제공해 로봇 시스템의 활용성을 높이고 투자 대비 효과를 극대화한다. 최근에는 이러한 운영 관리 영역에 클라우드 기반 모니터링 시스템과 예지 정비Predictive Maintenance 솔루션이 결합하면서 '설치만 하는 업체'에서 나아가 '지속적인 성능 관리까지 책임지는 기술 파트너'로 진화하고 있다.

최근 SI 산업이 주목받는 이유는 로봇의 활용 분야가 다양해지고 산업별 특수성이 중요해짐에 따라 맞춤형 통합 역량이 산업 경쟁력의 핵심으로 부상했기 때문이다. 초기에는 로봇 제조사가 직접 SI 서비스를 제공하는 수직 통합형 모델이 일반적이었으나, 현재는 각 산업 현장의 복잡한 요구 사항을 충족하기 위해 전문화된 SI 기업이 필수다.

정부는 이러한 변화에 발맞춰 SI 기업 육성을 위한 직접적인 지원 사업을 통해 현장의 요구에 부응하고 있다. 한국로봇산업진흥원이 주관하는 대규모 융합 로봇 실증사업은 서비스 로봇 전문 SI 기업 육성을 명시적인 목표로 설정했다. 여기에 SI 기업이 참여 기관으로 포함돼 제조 현장의 지능화를 촉진하고 있다. 또한 중소벤처기업부의 로봇 활용 제조혁신 지원사업은 중소기업의 로봇 도입과 SI 기업의 솔루션 개발을 동시에 지원하며 상호 협력하는 산업 생태계 구축을 이끈다.

최근 SI 시장은 클라우드 기반 디지털 전환과 생성형 AI 도입으로 새로운 성장 동력을 확보하는 중이다. 전 세계 시스템 통합 서비스 시장 규모는 2030년까지 연평균 6.3% 성장해 약 6,375억 달러(약 911조 6,250억 원)에 이를 것으로 전망된다.[22] 나이스신용평가에 따르면 국내 SI 기업들도 2022년 이후 5년간 연평균 17%에 달하는 높은 성장률을 기록할 것으로 보인다.[23]

이러한 성장세를 견인하는 중심에는 첨단 기술 융합이 있다. AI 기반 복합 센서 인식 기술이 로봇과 생산 설비 간에 정밀한 데이터 통합을 가능케 하고, 디지털 트윈 기술은 생산 공정을 가상 공간에서 시뮬레이션해 오류 예측과 공정 최적화를 돕는다.

또한 VR 시뮬레이션은 작업자 교육과 시스템 테스트에 활용돼 실제 현장과 유사한 조건에서 안전하고 효율적인 운영을 지원하며 SI 솔루션의 정밀도와 신뢰성을 크게 끌어올리는 중이다.

국내 SI 생태계를 살펴보면 삼성SDS나 LG CNS 같은 대기업 계열 SI 기업들은 스마트 팩토리 구축 경험을 바탕으로 로봇과 생산 설비 간의 통합 솔루션을 제공하며, 실시간 데이터 모니터링과 예측 유지 보수 시스템을 구축하고 있다.

브릴스, 건솔루션, 알에스오토메이션 등 전문 SI 기업들은 특정 산업 현장에 대한 맞춤형 로봇 시스템 설계와 설치, 운영 지원을 수행하며, 고객 요구에 따른 소프트웨어 커스터마이징과 현장 교육을 실시한다.

④ 서비스 및 유지 보수 산업

서비스 및 유지 보수 산업은 로봇 도입 이후 안정적인 장기 운영을 위해 로봇의 성능과 내구성을 꾸준히 관리하는 산업이다. 로봇 유지 보수와 관리를 통해 로봇의 상태를 최적화하고 내구성을 유지하며 고장이나 오류를 최소화해 최고의 성능을 제공하는 것이 핵심 요소다.

사용자는 로봇 설비 투자를 통해 장기적으로 가치를 창출하고, 로봇 제조사와 서비스 기업은 안정적인 수익을 얻는다. 로봇 서비스 산업은 단순한 부품 교체나 수리를 넘어 다양한 기술과 융합하며 빠르게 발전하고 있다. 클라우드 기반 원격 모니터링 시스템은 로봇의 상태를 실시간으로 점검해 이상 징후를 신속히 발견하고 예기치 못한 가동 중단을 예방한다.

AI 기반 예측 유지 보수 기술은 로봇 사용 패턴과 부품 상태 데이터를 분석해 문제가 발생하기 전에 유지 보수 시점을 미리 파악하고, 계획적인 정비를 가능케 해 로봇 가동률과 안정성을 높이며 관리 비용을 절감한다.

화낙, 에이비비, 쿠카 같은 글로벌 산업 로봇 기업들도 서비스 산업의 중요성에 주목해 디지털 트윈 기술을 활용한 가상 시뮬레이션이나 원격 진단 시스템을 도입하고 있다. 국내 기업들도 이러한 흐름에 발맞춰 AI 기반 예측 유지 보수 솔루션 개발로 글로벌 경쟁력을 확보하는 데 주력하고 있다.

서비스 및 유지 보수 산업은 점차 기본적인 유지 보수를 넘어 지속적인 원격 소프트웨어 업데이트, 데이터 분석을 통한 작업 패턴 최적화 등 로봇의 부가 가치를 높이는 방향으로 발전하고 있다. 이러한 변화는 로봇이 단순한 '기계'에서 벗어나 지속적으로 진화하며 스스로 학습하는 산업 자산으로 자리매김하고 있음을 보여준다.

지금까지 로봇 밸류 체인의 각 단계와 전 과정을 살펴봤다. 핵심 부품부터 로봇 제조, 시스템 통합, 서비스 및 유지 보수까지 모든 단계는 서로 긴밀하게 연결된다. 따라서 어느 한 고리가 약해지면 전체 산업의 경쟁력 역시 흔들릴 수 있다.

로봇 산업의 전 과정이 균형 있게 발전할 때 비로소 전체 생태계가 안정적으로 순환하며 지속 가능한 성장이 이뤄진다. 특히 한국처럼 제조업 기반이 탄탄한 국가에서는 로봇 밸류 체인의 고른 발전이 국가 경쟁력 강화에 매우 중요한 역할을 할 것이다.

로봇 산업이 견인할 다양한 산업들

로봇 기술의 발전은 로봇 산업 자체를 넘어 다양한 산업이 함께 성장하는 새로운 시너지를 만들어낸다. 특히 AI, 소프트웨어, 배터리, 반도체 산업 같은 분야는 로봇 기술과 긴밀하게 연결되며 새로운 산업 생태계를 만들어가고 있다. 이 가운데 가장 빠르게 변화가 나타나는 분야는 바로 스마트 물류 산업이다.

① 스마트 물류 산업

로봇 기술은 물류 산업의 패러다임을 근본적으로 바꾸고 있다. 물류 산업은 로봇 기술이 만들어내는 변화가 가장 빠르게 체감되는 영역이다. 대형 물류 센터에는 이미 무인 운반 로봇Automated Guided Vehicle, AGV, 자율 이동 로봇 AMR, AI 기반 분류 시스템이 투입돼 하루에도 수십만

건에 달하는 물량을 처리한다.

덕분에 물류 처리 속도는 과거와 비교할 수 없을 만큼 빨라졌고, 정확도 역시 눈에 띄게 향상됐다. 아마존은 2012년에 물류 로봇 전문 기업 키바 시스템즈 ^{Kiva Systems}(현 아마존 로보틱스)를 인수한 후, 물류 센터에 20만 대가 넘는 로봇을 도입해 물류 효율을 비약적으로 향상시켰다. 이러한 성공 사례는 전 세계 물류 기업들이 로봇 도입을 가속하는 계기가 됐다.

최근에는 산업 간의 경계가 모호해지는 '빅 블러 ^{Big Blur}' 현상으로 인해 이커머스, ICT, 통신사 등 다양한 산업이 물류 영역으로 진출하며 경계가 사라지는 추세다. 네이버나 카카오 같은 플랫폼 기업들이 물류 기업 지분을 확보하고 '즉시 배송' 서비스를 준비하는 등 산업 간 융합이 가속화되고 있다.

이러한 융합은 단순한 물류 자동화를 넘어 AI 기반 예측 물류, 자율주행 기술, 자율주행 로봇과 창고 제어 시스템을 합쳐 물류 처리를 자동화하는 AMR–WCS ^{Warehouse Control System}(실시간 창고 제어 시스템) 통합 시스템 등 첨단 기술이 결합한 통합 물류 생태계로 확장되는 중이다.

변화의 중심에는 AI와 데이터가 있다. AI는 날씨, 사회적 이벤트, 소비 트렌드, 창고 데이터, 입출고 이력 등 수많은 변수를 분석해 수요를 예측하고 재고를 사전에 배치한다.

월마트는 이미 미국에서 구축한 AI·데이터 기반 공급망 운영 모델을 전 세계로 확장하고 있다. '공급망 운영 전략 ^{Supply Chain Playbook}'이라 불리는 최신 시스템은 매장과 물류 센터, 공급 업체의 데이터를 실시간으로 통합해 수요·날씨·이벤트 변화를 즉시 반영하며, 생성형 AI를

물류 창고에서 작업 중인 자율 이동 로봇 AMR_Dematic

통해 공급망 차질 시 새로운 운송 경로와 재분배 시나리오를 자동으로 제시한다. 월마트는 이를 통해 에너지 효율과 탄소 배출까지 관리하는 지속 가능한 글로벌 공급망 체계를 구축하고 있다.

로봇의 역할도 점점 다양해진다. 자율 이동 로봇 AMR은 창고 내 이동 동선을 최적화하고, 비전 피킹 로봇은 카메라와 딥러닝 기술로 물품의 형태를 인식해 패키지를 정밀하게 집어낸다. 로봇 기술 도입으로 24시간 연속 작업이 가능해지면서 생산성은 비약적으로 향상됐다. 또 디지털 트윈 기술은 물류 센터 전체를 가상으로 시뮬레이션하며 병목 구간을 예측하고 자동화 효율을 극대화하고 있다.

AI와 로봇 기술이 물류 센터의 효율을 높이고 있지만, 현장의 모든 과정이 완전 자동화된 것은 아니다. 특히 고객에게 직접 상품을 전달하는 라스트 마일 배송Last Mile Delivery과 상하차 작업은 여전히 사람의 판단과 손길이 필요한 영역이다. 도심의 복잡한 환경, 예측 불가능한 변수, 비정형 화물 등은 로봇만으로 해결하기 어렵기 때문이다. 자율주행과 드론 배송은 아직 시범 운영 단계에 머물러 있다. 인간의 판단력과 유연한 대처 능력을 완전히 대체하기엔 아직 한계가 명확하다.

이러한 자동화의 경계에서 웨어러블 로봇이 새로운 해법으로 주목받고 있다. 웨어러블 로봇은 단순히 인력을 대체하는 것만이 아니라 자동화가 어려운 영역에서 사람이 안전하고 효율적으로 일할 수 있도록 돕는 기술적인 연결고리다. 자동화가 어려운 영역에서 인간과 로봇이 협력하는 새로운 물류 환경을 만들어가는 것이다.

이처럼 한쪽에서는 인간을 보조하는 로봇 기술이, 다른 한쪽에서는 인간의 개입을 최소화하는 로봇 기술이 나란히 발전하고 있다. 미국의 스타십 테크놀로지스Starship Technologies는 대학 캠퍼스와 도심에서 음식과 소포를 배달하는 자율주행 로봇을 상용화 단계에 올려놓았고, 한국에서는 배달의민족이 로봇을 이용한 음식 배달 서비스를 시범 운영하며 로봇 배달 실용화를 앞당기고 있다.

앞으로 물류 로봇 도입 양상은 대기업을 넘어 중소기업으로 빠르게 확산할 것으로 보인다. 로봇을 소유하지 않고도 일정 요금만 내면 사용할 수 있는 구독형 RaaSRobot as a Service 모델이 등장하면서 로봇 설비 도입에 따른 초기 투자 부담이 줄어 중·소규모 물류 센터에서도 로봇 도입이 본격화될 전망이다. 이러한 추세는 설비 투자에 부담을 느끼던 기업들에게 새로운 기회를 제공한다.

글로벌 물류 로봇 시장 규모는 2030년 약 510억 달러(약 72조 9,300

아이스박스처럼 상단 뚜껑을 열어 물품을 꺼낼 수 있는 배달 로봇_Verdict Food Service

억 원)까지 성장할 것으로 전망[24]되며, 자율 이동 로봇과 무인 운반 로봇의 수요가 증가하며 중국의 긱플러스Geek+, 미국의 페치 로보틱스Fetch Robotics, 독일의 키온KION, 일본의 다이후쿠Daifuku, 덴마크의 미르MiR 등 주요 기업들이 시장을 선도할 것이다.

한편 물류 로봇의 발전은 효율성을 넘어 지속 가능성으로 나아가고 있다. 로봇이 동선을 최적화하고 에너지 낭비를 줄이면서 탄소 배출 저감과 안전한 근로 환경 조성에도 기여하고 있기 때문이다. 이제 로봇은 단순히 '속도'만을 위한 기술이 아니라, 사람과 환경이 공존하는 물류 산업을 이끄는 동력으로 자리 잡는 중이다.

② 의료·헬스케어 산업

의료 로봇 분야는 정밀성과 안전성이 특히 중요한 영역으로, 로봇 기술은 의료의 질을 크게 향상시키는 대표적인 분야다. 대표 사례로 인튜이티브 서지컬이 선보인 수술 로봇 다빈치는 앞서 소개했듯이 외과 수술의 정밀성을 획기적으로 높이며 글로벌 의료 시장에 진화를 불러왔다.

다빈치 로봇은 전 세계에 7,000대 이상 설치됐고 연간 150만 건이 넘는 수술에 사용된다. 국내에서도 로봇 수술 기술이 끊임없이 발전하고 있다. 로엔서지컬은 세계 최초로 AI 기반 신장 결석 수술 로봇 자메닉스Zamenix를 개발해 의료 로봇 시장에서 또 다른 혁신 사례를 만들어가고 있다.

고령화 사회로 전환이 이뤄지면서 재활 및 헬스케어 로봇 시장도 빠르게 성장하고 있다. 미국 디펜더DFender의 간호 보조 로봇 모시Moxi는 병원 내 운반, 전달 등 단순 업무를 수행하여 의료진이 환자 돌봄에 집중할 수 있도록 돕는다.

한국의 엔젤로보틱스는 웨어러블 로봇 기술로 보행 재활 분야에서 주목받으며 병원뿐 아니라 일상에서도 활용 가능한 기술로 평가받는다. 의료 로봇 시장 규모는 2022년 약 160억 달러(약 22조 8,800억 원)에서 2030년 약 560억 달러(약 80조 800억 원)로 성장할 전망이다.

앞으로는 AI 진단과 원격 의료 로봇, 초정밀 수술 플랫폼, 홈 케어 재활 시스템이 의료 로봇의 새로운 성장축이 될 것으로 보인다. 수술, 재활, 간호 보조 등 다양한 분야에서 로봇의 역할이 확대되며 의료 기술의 정밀성과 접근성을 함께 높여가고 있다.

앞으로는 AI 진단과 원격 의료 로봇, 초정밀 수술 플랫폼, 홈 케어 재활 시스템이 의료 로봇의 새로운 성장축이 될 것이다. 수술, 재활, 간호 보조 등 다양한 분야에서 로봇의 역할이 확대되며 의료 기술의 정밀성과 접근성을 높이는 가운데, 의료 로봇 시장 규모는 2022년 약

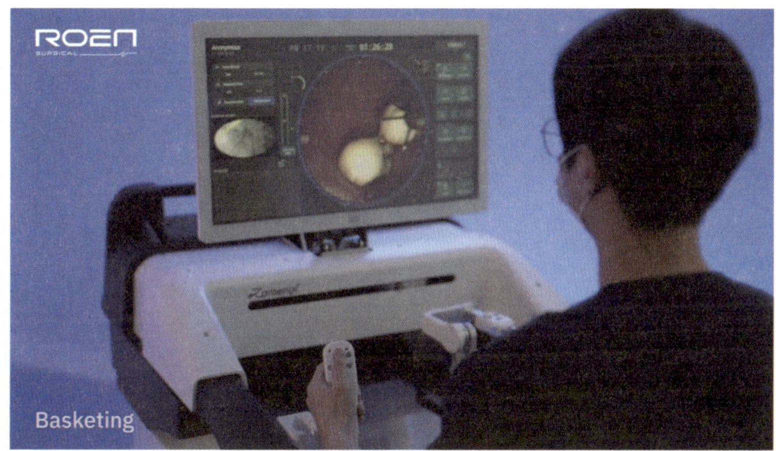

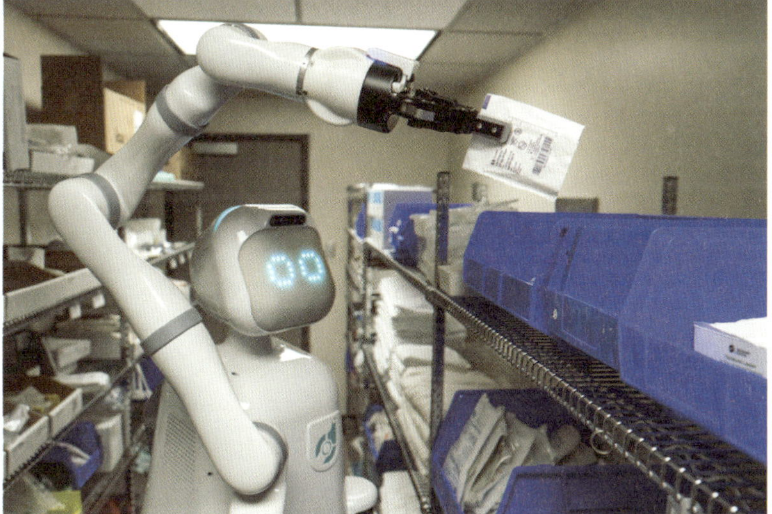

(↑) 로엔서지컬의 결석 수술 로봇 자메닉스_ROEN Surgical

(↓) 의료진 및 환자와 상호작용하는 간호 보조 로봇 모시_Cildren's Hospital Los Angeles

160억 달러(약 22조 8,800억 원)에서 2030년 약 560억 달러(약 80조 800억 원)로 세 배 이상 성장할 전망이다.

③ 모빌리티 산업

모빌리티 산업은 로봇 기술과 융합하면서 전례 없는 변화를 맞이하고 있다. 자율주행차, 로봇 택시 등 새로운 이동 수단이 등장하면서 전통적인 교통 시스템의 경계를 넘나들고 있다.

자율주행 기술과 로봇공학은 처음부터 밀접한 관계를 맺어왔다. 초기 자율주행 기술은 실내 이동 로봇 연구에서 발전했으며 센서 통합, 실시간 제어, 경로 계획 등 핵심 기술들도 로봇공학 연구에서 태어났다. 특히 앞서 로봇 청소기의 핵심으로 소개한 매핑 슬램 기술[25]은 로봇이 주변 환경에 대한 지도를 작성하는 동시에 자신의 위치를 추정하는 방법으로, 1980년대부터 개발돼 현재 자율주행차의 인식과 판단 알고리즘의 근간이 되고 있다.

최근에는 체화된 지능, Embodied AI라는 개념이 자동차 산업에서도 주목받고 있다.[26] 로봇이 물리적인 환경에서 학습하는 능력은 자율주행차의 시각 인지, 장애물 회피, 실시간 대응 같은 기능과 본질적으로 동일하다. 즉, 자율주행차는 단순한 이동 수단이 아니라 '바퀴 달린 로봇'으로 진화하는 중이다.

이러한 변화를 가장 잘 보여주는 사례가 바로 테슬라다. 테슬라는 자율주행 로봇과 휴머노이드 로봇을 동시에 개발하며, 자율주행으로 축적한 AI 학습 데이터와 데이터 처리 경험을 옵티머스 로봇 개발에 활용하고 있다. 이는 모빌리티 기업이 차량 제조를 넘어 로봇 기술 전반으로 사업 영역을 확장하는 새로운 패러다임을 보여준다.

글로벌 모빌리티 기업들은 이러한 흐름에 발맞춰 움직이고 있다. 구글의 웨이모Waymo는 미국 주요 도시에서 무인 로봇 택시 서비스를 상용화 단계에 올려놨다. 현대자동차는 웨이모와 파트너십을 통해 로봇 택시 플릿Fleet을 점차 보급하면서 자율주행 모빌리티 서비스를 고도화하고 있다.

이런 변화는 모빌리티 산업의 패러다임 전환을 촉진한다. 개인 소유 차량 중심이었던 시대가 저물고, 이동의 패러다임이 공유형 자율주행 모빌리티로 급전환하는 중이다. 도시화가 진행되면서 효율적이고 친환경적인 이동 수단 수요가 증가함에 따라 모빌리티 로봇의 중요성은 더욱 부각되고 있다.

기술적으로는 V2X Vehicle to Everything (차량–사물 간 통신) 기술과 고성능 컴퓨팅의 발전이 이런 변화를 뒷받침한다. 차량 연결성과 자동화 기술이 융합하면서 교통 시스템 전반의 효율성과 안전성이 크게 향상될 것으로 보인다. 자율주행 모빌리티 로봇은 교통 혼잡 완화, 사고 예방, 에너지 효율성 향상, 탄소 배출 저감 등 다양한 사회적 편익을 제공할 것이다.

시장 전망 또한 밝다. 모빌리티 산업과 로봇 기술의 경계는 점차 희미해질 것이다. 자율주행차는 놀라운 시장 성장을 이루고 있다. 자율이동 로봇 시장이 창고 물류를 넘어 도시 배송과 개인 모빌리티 영역으로 확장되며 그 규모가 2023년 18억 달러(약 2조 5,740억 원)에서 2028년 41억 달러(약 5조 8,630억 원)로 연평균 17.5% 성장할 전망이다.[27]

자율주행차 시장 규모는 2024년 681억 달러(약 97조 3,830억 원)에서 2030년 2,143억 달러(약 306조 4,490억 원)로 연평균 19.9% 성장이 예상된다.[28] 우리나라 정부도 운전자의 개입 없이 스스로 주행 판단과 제어를 수행하는 레벨 4 자율주행차의 2027년 상용화를 목표로 정책 지원을 강화하고 있다.[29] 자율주행과 로봇의 융합은 모빌리티 산업에 새로운 활력을 불어넣으며 교통과 로봇 기술이 서로 맞물려 발전하는 거대한 생태계를 만들어가고 있다.

④ AI·데이터 산업

로봇과 AI 기술은 서로 긴밀하게 연결돼 상호 발전하는 관계다. 로봇 운영 과정에서 생성되는 방대한 데이터는 AI 기술 발전을 돕는 중요한 자원으로 활용되며, 로봇이 고도화될수록 AI의 효율성과 기술도 더욱 발전하는 선순환 구조가 형성된다.

컴퓨터 비전Computer Vision, 자연어 처리Natural Language Processing 강화 학습 등 다양한 AI 기술의 성장이 로봇의 판단력과 인지 능력을 크게 향상시키며 데이터 분석, 클라우드 서비스, AI 플랫폼 산업도 함께 성장하고 있다.

AI와 로봇의 결합으로 로봇 프로세스 자동화Robotic Process Automation, RPA, 서비스형 로봇Robots as a Service, RaaS 같은 새로운 비즈니스 모델도 등장했다. 특히 RaaS 모델은 앞서 설명한 것처럼 고객이 로봇을 구매하지 않고 구독 형태로 이용하는 방식이라 중소기업들도 초기 비용 부담 없이 쉽게 로봇 시스템을 구축할 수 있도록 돕는다.

이러한 서비스형 모델은 로봇 산업의 저변을 확대하는 데 크게 기여한다. 국내에서는 로봇 AI 분야에서 마음에이아이, 원더풀플랫폼 등이 활약하고, 로봇 소프트웨어 및 플랫폼 분야에서는 빅웨이브로보틱스, 씨메스, 클로봇 등이 전문 기술을 개발하며 로봇 지능화에 기여하고 있다.

AI 기술의 핵심은 크게 두 가지다. AI의 뼈대가 되는 '파운데이션 모델Foundation Model을 개발하는 영역'과, 데이터를 활용해 네트워크를 학습하고 실용적인 서비스를 창출하는 '응용 산업 영역'이다. 파운데이션 모델 개발은 매우 중요한 영역이지만, 결국 가치를 창출하는 것은 데이터를 기반으로 하는 산업 생태계다. 이런 관점에서 웨어러블 로봇이 또 한 번 기회를 맞이하고 있다.

웨어러블 로봇은 제어 시스템의 특성상 인간과 로봇 양쪽에서 발생하는 방대한 데이터를 수집한다. 이를 로봇 제어 신호와 결합하면 인간과 로봇 간 상호작용의 새로운 패턴을 학습할 수 있다. 이러한 데이터는 AI가 텍스트나 이미지만 학습하던 시대를 넘어, 진정한 피지컬 AI의 시대를 여는 데도 중요한 역할을 하게 될 것이다.

⑤ 배터리 산업

로봇이 장시간 안정적으로 이동하고 작동하려면 배터리 기술이 필수다. 그러나 현존 로봇 대부분은 로봇 전용이 아닌 일반 배터리를 사용하고 있다. 이때 로봇의 구조가 복잡하고 형상이 일정하지 않아 배터리 탑재 공간이 제한되고 출력 용량도 줄어드는 한계가 있다.

전기차 산업의 성장과 함께 고성능·고밀도 배터리 기술 개발이 활발해지고, 로봇 분야에서도 소형화와 장시간 작동이 가능한 배터리 기술 수요가 증가하고 있다. 특히 인간형 로봇은 복잡한 움직임과 대량의 데이터 처리를 동시에 수행하기 때문에 전력 소모가 상당하다.

현재 배터리 기술로는 1회 충전 시 약 1~2시간 구동에 그쳐 상용화를 가로막는 가장 큰 제약으로 지적된다. 이 한계를 극복하기 위해 삼성SDI와 현대차, 기아 등 국내 기업들이 로봇의 특성을 고려한 맞춤형 배터리 셀과 모듈 개발에 박차를 가하고 있다.[30]

차세대 배터리 기술 개발도 활발하다. LG에너지솔루션은 기존 2170 배터리 대비 에너지 밀도를 5배 이상 높인 46시리즈 원통형 배터리를 공개했다. 삼성SDI는 2027년 하반기 전고체 배터리 양산이 목표다. 이 기술은 아직 상용화 단계에는 이르지 못했지만 로봇의 성능과 작동 시간을 비약적으로 끌어올릴 잠재력이 있다. 배터리 기술의 발전이 로봇 산업의 진화 속도를 좌우한다고 해도 과언이 아니다.

로봇과 드론용 배터리 시장이 새로운 성장 동력으로 주목받으면서 국내 배터리 기업들에게는 사업을 확장할 기회가 열렸다. 로봇이 고도화될수록 배터리 기술의 중요성은 더욱 커질 것이며, 로봇 산업과 배터리 산업의 상생 발전을 이끌 것으로 기대된다.

⑥ 센서·반도체 산업

센서 및 반도체는 로봇의 정밀성과 지능화를 뒷받침하는 핵심 산업이자, 로봇이 인간처럼 세상을 인식하고 판단하도록 돕는 기반 기술이다. 로봇의 눈과 귀, 촉각을 담당하는 센서 기술과 이를 처리하는 두뇌 역할인 반도체 기술이 발전할수록 로봇은 더욱 정교하고 지능적인 모습으로 변모한다.

로봇 산업이 급성장하면서 센서 시장도 함께 커지고 있다. 시장 조사 전문 기관 IDTechEx는 글로벌 센서 시장 규모가 2035년까지 2,530억 달러(약 361조 7,900억 원)로 성장하고, 로봇 분야 센서 매출은 2043년까지 800억 달러(약 114조 4,000억 원)를 넘어설 것이라고 발표했다.[31]

과거에 단순 반복 작업만 가능했던 로봇이 복잡한 환경에서 물체를 구별하고 정밀하게 조작할 수 있게 된 배경에는 센서 기술의 비약적인 발전이 있었다. 협동 로봇이 사람과 함께 작업할 땐 센서가 예상치 못한 움직임이나 충돌을 감지해 즉시 동작을 멈춰 오작동과 안전사고를 방지한다. 배송 로봇이 복잡한 건물 내부에서 엘리베이터와 계단을 구별하며 최적의 경로를 찾아 이동하는 모습도 센서 기술이 가져온 진보 덕분이다.

라이다 센서는 레이저를 이용해 실시간으로 주변 환경을 살피며 3차원 지도를 생성하고 자율주행 로봇과 서비스 로봇의 눈 역할을 한다. 라이다 분야[32]에서는 2023년 오스터Ouster가 벨로다인Velodyne을 인수하며 업계 최초로 대규모 통합이 이뤄졌다. 루미나Luminar 같은 기업들도 기술 혁신을 주도하며 센서의 정확도를 높이고 크기를 줄이는 중이다.

관성 측정 장치Inertial Measurement Unit, IMU 센서는 자이로스코프와 가속도계가 결합한 형태로, 로봇의 균형 감각과 자세 제어를 담당한다.[33] 보쉬와 인벤센스InvenSense 같은 기업이 소형화와 정밀도 향상에 앞장선다.

힘 센서와 토크 센서 분야에서는 미국의 ATI 인더스트리얼 오토메이션ATI Industrial Automation이 세계적인 선도 기업으로 인정받으며 협동 로봇과 정밀 작업용 로봇의 촉각 인식 기술을 이끈다. 국내에서는 에이딘 로보틱스가 독자적인 기술력을 축적하며 글로벌 경쟁력을 확보하고 있다.

한편 로봇의 두뇌 역할을 하는 반도체 산업은 AI 기술과 만나면서 더욱 급속하게 발전하고 있다. 한국반도체산업협회가 발간한 보고서에 따르면 글로벌 AI 반도체 시장 규모는 2020년 약 153억 달러(약 21조 8,790억 원)에서 2024년에는 약 428억 달러(약 61조 2,040억 원)로 성장했다.

글로벌 IT 리서치·컨설팅 기업 가트너에서는 이 시장이 2027년에 1,194억 달러(약 170조 7,420억 원)로 성장할 것이라 내다봤다.[34] 이러한 폭발적 성장의 중심에는 로봇이 실시간으로 복잡한 상황을 인식하고 판단하는 데 필요한 연산 능력을 뒷받침하는 반도체 수요가 자리하고 있다.

엔비디아는 AI 반도체 시장에서 GPU를 기반으로 약 90%에 달하는 시장 점유율을 차지하며 로봇의 학습과 추론 능력을 뒷받침하고 있다. 로봇이 주변 환경을 인식하고 최적의 행동을 결정하는 과정에는 복잡한 신경망 연산이 필요한데, GPU가 이 연산을 병렬 처리해 빠르게 수행한다.

범용 GPU 분야에서는 여전히 엔비디아가 독주하고 있지만, 온디바이스 GPU(스마트폰 등 기기 내부에 직접 탑재하는 GPU)나 앞서 소개한 인공 신경망 처리 장치 NPU는 이제 어느 정도 국산화가 진행됐다. 삼성전자는 독자 설계 모바일 GPU를 탑재한 엑시노스(모바일 애플리케이션 프로세서, 스마트폰의 두뇌 역할)를 갤럭시 스마트폰에 탑재하기 시작했다. 2026년에는 아키텍처(반도체에서 칩이 작동하며 연산을 처리하는 기본 설계 구조)까지 기술적으로 자립하는 것이 목표다. 국내 스타트업 퓨리오사 AI도 NPU를 연이어 선보이며 존재감을 키우는 중이다. 퓨리오사 AI는 2025년에 메타에게서 8억 달러(약 1조 1,440억 원) 규모 인수 제안을 받고도 독립 경영을 선택했다.

엔비디아는 로봇 개발용 AI 플랫폼 아이작Isaac, 로봇과 드론 및 자율주행차 등에서 연산을 수행하는 차세대 AI 컴퓨팅 모듈 젯슨 토르Jetson Thor, 3D 시뮬레이션 및 디지털 트윈 플랫폼 옴니버스Omniverse를 통해 로봇 개발부터 운영까지 통합한 솔루션을 갖추고 AI 로봇 생태계의 표준을 만들고 있다.

최근에는 센서와 반도체 기술이 단순한 '부품'의 차원을 넘어 로봇 산업의 패러다임 자체를 바꾸고 있다. 과거에는 로봇 제조사가 기성 센서와 칩을 조합해 로봇을 만들었다면, 이제는 테슬라처럼 자체 AI 칩을 개발해 자율주행에 활용하고 휴머노이드 로봇 개발에도 적용하려는 시도가 늘고 있다.

애플의 M 시리즈 칩, 삼성의 엑시노스, 화웨이의 기린 칩셋 등도 AI 처리 능력을 강화하고 모바일 생태계에서 AI 성능을 높이고 있어, 향후 로봇 분야에서도 응용될 가능성이 크다.

저전력, 고효율, 소형화를 추구하는 반도체 설계는 로봇의 배터리 효율과 휴대성을 높여 더 작고 영리한 로봇을 만들 수 있게 한다. 제조업에서는 실시간 데이터 분석과 예측 모델링, 운영 시뮬레이션 같은 첨단 소프트웨어 솔루션 도입이 핵심 경쟁력으로 부상했다.

AI와 사물인터넷의 결합은 품질관리, 예측 유지 보수, 생산 최적화

등에서 생산성을 획기적으로 향상시킨다. 센서와 반도체 기술이 결합하면서 로봇은 단순한 기계를 넘어 지능적인 동반자로 진화하고 있다. 이처럼 계속되는 기술 혁신이 로봇 산업의 성장을 견인할 것으로 기대된다.

⑦ 소프트웨어·클라우드 플랫폼 산업

로봇의 진화를 이끄는 핵심 동력 중 하나는 소프트웨어와 클라우드 플랫폼 기술이다. 로봇이 단순히 움직이는 기계에서 벗어나 스스로 학습하고 진화하는 존재로 발전할 수 있었던 것도 바로 이 두 기술 덕분이다. 대표적인 오픈 소스 로봇 운영체제인 ROS Robot Operating System 는 전 세계 연구자와 개발자가 각자의 모듈을 공유하고 협력할 수 있는 생태계를 만들어냈다.

현재 ROS는 다양한 연구 기관과 기업에서 사실상 로봇 소프트웨어의 표준으로 자리 잡았으며, 2017년에는 DDS Data Distribution Service 기반 실시간 통신 기능을 갖춘 ROS2가 개발돼 안정성과 확장성이 크게 향상됐다.

엔비디아는 로봇 개발을 위한 가상 시뮬레이션 플랫폼 아이작 심 Isaac Sim 을 제공한다. 로봇이 실제 현장에 배치되기 전 가상 환경에서 시뮬레이션을 통해 미리 학습하고 테스트할 수 있으며, 로컬 환경뿐 아니라 AWS 로보메이커 RoboMaker 등 클라우드 서비스와 연동해 활용할 수 있다. 이러한 시뮬레이션 기술은 학습과 테스트 비용, 개발 기간을 획기적으로 줄여준다.

클라우드 플랫폼 기술은 로봇의 기능을 로컬 컴퓨팅에 국한하지 않고 네트워크를 통해 확장 가능한 구조로 발전시키고 있다. 로컬 컴퓨팅이란 클라우드나 네트워크에 연결하지 않고 스마트폰, PC, 로봇 컨트롤러 등 개별 단말기에서 데이터를 직접 처리하는 방식을 뜻한다. AWS 로보메이커, 마이크로소프트 Azure IoT, 구글 클라우드 로보틱스Google Cloud Robotics 같은 서비스는 개별 로봇이 클라우드의 고성능 연산 자원을 실시간으로 활용할 수 있도록 지원하며 원격 제어와 상태 모니터링, 지속적인 소프트웨어 업데이트를 가능케 한다. 이처럼 로봇 간의 경험이 연결되고 축적되는 구조는 테슬라의 자율주행 차량 시스템에서 활용하는 집단 학습 방식과 유사하다.

국내에서는 휴머노이드 M.AX 얼라이언스 소속 기업들이 각자의 강점을 살려 소프트웨어 개발에 나섰다. 엔젤로보틱스는 웨어러블 로봇을 위한 통합 생태계 플랫폼 엔젤라angel'a를 구축해 하드웨어와 소프트웨어, 사용자 데이터를 연결한다.

레인보우로보틱스는 휴머노이드 제어 소프트웨어를 자체 개발해 AI 기반 제어 기술을 고도화하고 있다. 통신사들도 로봇 클라우드 서비스를 확장 중이다. KT와 SKT는 5G 기반 실시간 로봇 제어, 원격 관제, AI 클라우드 연동 서비스를 개발하며 통신 인프라와 로봇 기술의 융합을 추진한다. 이러한 소프트웨어 및 플랫폼 기술의 발전은 로봇 개발의 문턱을 낮추고 기술 혁신의 속도를 높이는 중이다.

클라우드와 소프트웨어 기반 기술이 고도화되면서 과거에는 대기업 중심으로만 이뤄지던 로봇 개발의 기회가 스타트업과 개인 개발자에게도 열렸다. 누구나 클라우드 환경에서 로봇을 설계하고 시뮬레이션을 통해 성능을 검증하며, 다양한 아이디어와 접근 방법을 기술 개발에 반영해 로봇 산업의 성장을 이끌 수 있다.

이처럼 로봇 기술은 제조부터 서비스에 이르는 광범위한 밸류 체인을 형성하며 다양한 산업을 끌어들이고 있다. 로봇의 지속 가능한 성장을 위해서는 부품과 소프트웨어 등 밸류 체인 전반이 균형 있게 발전함과 동시에 로봇과 시너지를 낼 수 있는 산업들을 전략적으로 육성하고, 로봇 기술의 활용 범위를 확대하며 새로운 가치를 창출해야 한다.

로봇 산업의 미래는 로봇 기술 자체의 발전뿐만 아니라, 이를 둘러싼 산업 생태계가 얼마나 조화롭게 성장하느냐에 달렸다. 기술 혁신과 더불어 법적·사회적 합의, 윤리적 기준 마련 등 사회 전반의 체계적인 준비가 이뤄져야 로봇이 우리 삶에 진정한 가치를 가져다줄 수 있다.

산업의 룰을 다시 쓰는
지능형 로봇

우리는 로봇과 AI가 만나는 기술 발전의 전환점을 목격하는 중이다. 과거의 로봇이 사전에 프로그래밍한 명령에 따라 반복되는 작업만 수행했다면, 이제는 AI 기술의 발전과 더불어 센서, 빅데이터 분석, 클라우드 컴퓨팅 기술이 결합하면서 로봇이 주변 환경을 스스로 인식하고 상황에 따라 판단하며 자율적으로 행동하는 단계에 접어들었다.

이 변화는 기술력 향상을 넘어 로봇이 수행하는 역할과 산업 전반의 구조 자체를 새롭게 재편하고 있다. 지능형 로봇이라는 개념은 전통적으로 제조업에 국한돼 있던 로봇의 활용 범위를 서비스업, 의료, 교육, 일상생활까지 확장한다.

지능형 로봇이란?

최근 로봇 산업에서 가장 주목받는 주제는 단연 지능형 로봇Intelligent Robot이다. 이는 로봇이 제조 산업에서 쓰는 도구에서 벗어나 우리 일상에 더욱 깊숙이 들어오기 시작하는 중요한 전환점이다.

지능형 로봇의 핵심은 '인지 – 판단 – 학습 – 행동'으로 이어지는 지능의 순환 구조다. 로봇은 센서로 세상을 인식하고 AI 알고리즘을 통해 판단하며, 경험을 쌓고 학습하면서 점점 더 정교하게 움직인다.

지능형 로봇의 네 가지 특징

지능형 로봇의 특징은 크게 네 가지로 요약할 수 있다.

① 인지 Perception

카메라, 라이다, 마이크, 촉각 센서 등 다양한 감각 장치를 통해 주변 환경을 실시간으로 인식한다. 물체의 형태나 거리뿐 아니라 사람의 동작이나 음성까지 감지하며 상황을 정확히 이해할 수 있다.

② 판단 Decision Making

AI는 인식한 데이터를 분석해 현재 상황에서 어떤 행동이 가장 적절한지 스스로 판단한다. 인간이 미리 입력한 명령을 수행하는 것이 아니라, 환경 변화에 따라 우선순위를 재조정하고 상황에 맞는 최적의 결정을 내린다.

③ 학습 Learning

지능형 로봇은 경험을 통해 성장한다. 반복되는 작업에서 얻은 데이터를 활용해 성능을 개선하고 새로운 환경에서도 빠르게 적응한다. 강화 학습이나 자율 학습 알고리즘이 이를 가능케 한다.

④ 자율 행동 Autonomous Action

로봇은 외부의 지시 없이 스스로 움직일 수 있다. 환경 변화를 감지해 목표를 재설정하고, 최적의 방법을 찾아 자율적으로 임무를 수행한다. 자율성은 예측 불가능한 현실 세계에서 로봇이 인간과 협력하며 다양한 상황에 유연하게 대응하도록 돕는다.

지능형 로봇이 활용되는 사례

지능형 로봇의 네 가지 특징을 살펴봤다. 그러나 여전히 남은 의문이 있다. '과연 이런 로봇들이 정말 현실에서 작동하고 있을까? 단순한 기술 시연을 넘어 실제 현장에서 사람들과 함께 문제를 해결하고 있을까?' 그 답은 이제 연구실 밖, 우리가 살아가는 공간에서 찾아볼 수 있다.

지능형 로봇은 더 이상 실험실 안에서만 존재하는 기술이 아니다. 이미 산업 현장과 일상생활에 스며들어 실질적인 변화를 만들어내고 있다. 산업 현장에서 로봇이 마주하는 환경은 예측하기 어렵다. 갑작스럽게 쌓인 자재에 기존 경로가 막히기도 하고, 상황에 따라 통행로가 수시로 바뀌며, 작업자들의 동선 역시 일정하지 않다. 기존의 산업용 로봇은 사전에 입력된 경로만 따라가기 때문에 이런 변화에 적응하지 못해 결국 사람이 개입해야 했다.

하지만 최근 몇 년 사이, 주변을 스스로 인식하고 그 상황에 맞춰 움직임을 조정하는 로봇들이 현장에 투입되기 시작하며 점차 활용 범위를 넓히는 중이다. 사족 보행 로봇 개 스팟은 건설 현장과 발전소 등 다양한 환경에서 자율적으로 상황을 판단하고 움직인다.

AI 기반 장애물 감지 기능을 활용해 위험 요소를 인식하고 경로를 재설정하며, 위험 상황 발생 시 관제 센터에 경고 신호를 보내거나 스스로 안전한 위치로 이동하는 등 능동적인 대응이 가능하다. 단순히 정해진 명령을 반복하는 수준을 넘어, 현장에서 축적한 데이터를 바탕으로 비슷한 상황을 알아차리고 스스로 판단하는 것이다.

이러한 자율성과 적응 능력은 물류 산업에서도 구현되고 있다. 아마존이 2022년에 공개한 자율 이동 로봇 프로테우스Proteus는 기존의 로봇처럼 울타리 안에 갇혀 있지 않다. 사람과 같은 공간에서 함께 이동하며 작업을 수행한다.[35]

이 로봇은 카메라와 라이다 센서를 통해 주변 환경을 실시간으로 파악하고, 장애물을 만나면 경로를 우회하며 목적지까지 카트를 운반하는 과정을 자율적으로 수행한다. 사람이 가까이 오면 작업자와 안전 거리를 유지하는 '세이프티 버블' 기능으로 충돌을 방지하고, 작업 우선순위도 스스로 판단한다. 단순 자동화를 넘어, 환경에 적응하며 협

아마존 물류 창고에서 활약하는 프로테우스_The Verge

력하는 로봇의 대표 사례다.

제조 분야에서도 새로운 시도가 이뤄지고 있다. 레인보우로보틱스가 선보인 이동형 협동 로봇 RB-Y1은 바퀴형 모바일 베이스에 어깨와 팔꿈치, 손목 관절이 인간처럼 움직이는 7자유도 팔을 탑재하는 등 다양한 산업에서 활용할 가능성을 염두에 두고 설계했다.[36]

이 덕에 고정된 작업 라인에 머무르지 않고 자유롭게 이동하며 환경에 따라 유연하게 대응할 수 있다. 사용자가 로봇의 움직임을 지정하는 '교시'를 할 때 양팔의 자가 충돌 방지 기능으로 인간과 협업하면서 안전성을 확보한다. 이 같은 설계는 로봇이 단순한 명령 수행을 넘어 인간과의 상호작용을 학습하게 함으로써 기능과 역할을 확장하려는 시도다.

지능형 로봇 적용 범위는 점점 더 넓어지는 중이다. 2024년을 기점으로 여러 기업이 기술 시연 단계를 넘어 본격적인 상용화를 추진하고 있으며, 특히 휴머노이드 로봇 대량 생산이 본격화되고 있다. 테슬라는 연간 1만 대 생산을 목표로 제조 인력 채용에 나섰고, 중국 기업들은 가격대가 더욱 저렴한 모델을 양산하고 있다. 연구용 장비로 여겨지던 로봇이 실제 시장에서 판매되는 소비재로 전환되는 것이다.

로봇 활용 방식에서도 새로운 흐름이 보인다. 최근 중국에서는 세계 최초로 휴머노이드 로봇 격투기 대회가 열렸다. 대회에서는 로봇들이 복싱 선수처럼 헬멧과 장갑을 착용하고 다양한 공격과 방어 동작을 주고받았다. 이런 경기는 단순한 오락으로 보일 수도 있지만 실제로는 로봇의 균형 유지 능력과 회복력, 실시간 판단 능력을 종합적으로 평가하는 실험장이 됐다. 이 사례는 예측하기 어려운 상황에서 로봇이 얼마나 유연하게 대응할 수 있는지 보여주는 상징적인 장면이다.

물론 아직 완벽한 수준은 아니다. 예기치 못한 상황에서는 여전히 오류가 발생하고 사람의 개입이 필요하다. 하지만 중요한 것은, 지능형 로봇이 단순한 자동화 기계를 넘어 경험을 통해 배우면서 점점 더 정교한 판단을 내리는 존재로 진화하고 있다는 점이다. 지능형 로봇은 지금 이 순간에도 조용히, 그러나 꾸준히 산업과 일상을 바꾸고 있다. 그 변화의 중심에는 인간을 대체하려는 기술의 위험성이 아니라, AI와 로봇의 협력을 통한 기회라는 새로운 가능성이 자리한다.

AI를 키우는 로봇,
로봇을 완성하는 AI

로봇과 AI의 시너지로 넓어지는 시장

로봇 산업의 급격한 성장을 이끄는 핵심 동력 중 하나는 바로 AI다. AI 기술은 로봇이 인간처럼 주변 환경을 더 정확하게 이해하고, 상황에 맞게 스스로 학습한 뒤 판단하며, 능동적으로 행동할 수 있도록 돕는다. 단순 반복 작업만 수행하던 로봇이 이제는 AI의 발전을 발판 삼아 복잡한 상황에서도 자율적이고 유연하게 대응할 수 있게 됐다. 이를 통해 로봇은 다양한 환경에서 사람과 자연스럽게 협력하며 실질적인 도움을 주는 동반자로 발전하고 있다.

AI는 현실 세계에서 얻은 데이터를 바탕으로 꾸준히 발전하는데, 이러한 데이터는 실제 환경에서 물리적으로 활동하는 로봇이 수집한다. 즉 로봇은 AI가 세상을 더 정확히 이해하도록 돕는 물리적인 정보 수집 플랫폼이 되고, AI는 로봇이 그 세상에서 더 정교하게 움직이도록 이끄는 두뇌 역할을 한다. 이처럼 로봇과 AI는 서로를 발전시키는 공진화^{Co-Evolution} 관계다.

앞으로 로봇과 AI의 융합은 산업 경쟁력뿐 아니라 우리가 일하는 방식, 배우는 방법, 사회적 관계까지도 바꿀 것이다. 새로운 비즈니스 모델과 서비스가 탄생하고, AI가 탑재된 로봇은 인간의 손이 닿지 않는 영역까지 진입할 것이다. 결국 로봇과 AI의 결합은 기술 발전의 끝이 아니라, '지능이 현실 세계로 확장되는 과정' 그 자체라 할 수 있다.

최근 벌어지는 투자 열풍만 봐도 로봇과 AI가 융합한 시장의 잠재력을 실감할 수 있다. 전 세계 로봇 분야에 투자된 금액은 2024년 첫 7개월 동안 97억 달러(약 13조 8,710억 원)[37]로 전년 같은 기간 80억 달러(약 11조 4,400억 원)를 크게 상회했다. 특히 7월 한 달에만 13억 달러(약 1조 8,590억 원)가 몰렸다는 점은 시장의 기대감이 얼마나 큰지 보여준다.

또한 골드만삭스는 휴머노이드 로봇 시장 규모만 하더라도 2035년 380억 달러(약 54조 3,400억 원)까지 성장할 것이라 전망했다.[38] 그러나 시장의 확장보다 더 큰 변화는, 앞서 살펴본 다양한 로봇 활용 사례들이 단순한 기술 도입을 넘어 완전히 새로운 경제 생태계를 만들고 있다는 점이다.

① 로봇이 바꾸는 수익 구조와 플랫폼 전략

로봇과 AI의 결합은 기존 비즈니스 모델의 기반 자체를 뒤흔들고 있다. 과거에는 로봇이 생산성 향상을 위한 도구였다면, 이제는 로봇이 24시간 만들어내는 데이터 자체가 하나의 수익원이다.

농기계 제조 업체 존 디어John Deere의 사례를 보면 이런 변화가 얼마나 본질적인지 실감할 수 있다. 토양 상태, 작물 건강도, 수확량 등 자율주행 트랙터가 농장을 돌아다니며 수집하는 방대한 데이터는 맞춤형 농업 컨설팅에 반영돼 다시 농민에게 제공된다.[39] 데이터가 많이 수집될수록 과거의 경험과 다른 농장의 사례를 분석해 농민들이 더 나은 의사 결정을 내릴 수 있다.

이렇듯 로봇이 수집하는 데이터로 새로운 부가 가치 서비스를 만들어낼 수 있다. 존 디어는 이런 방식을 'Solution as a Service'라고 부

존 디어의 자율주행 트랙터_Hunt Forest Group

르며, 단순히 농기계를 파는 것을 넘어 꾸준히 축적되는 데이터 기반 서비스로 수익 구조를 전환하고 있다.

아마존 역시 비슷한 전략을 취한다. 자사 물류 센터 운영 과정에서 축적된 방대한 자동화 데이터와 운영 노하우를 묶어 Warehouse Automation and Optimization, WAO라는 컨설팅 패키지를 만들어 다른 기업에 제공하고 있다.[40]

여기에는 아마존이 수년간 다듬어온 물류 센터의 최적 동선 설계, 로봇 운영 알고리즘, 입·출고 속도 분석 등 복합적인 노하우를 담았다. 로봇 자체를 파는 것이 아니라 데이터에서 얻은 운영 지식을 상품으로 만든 것이다. 이러한 변화는 데이터 활용에만 머물지 않고 제조업체의 사업 구조 자체를 플랫폼 중심으로 바꾸고 있다.

과거에는 기업이나 기관이 로봇을 직접 구매하고 유지 보수까지 책임졌지만, 이제는 필요한 기능만을 구독해 사용하는 방식이 보편화되고 있다. 이 방식은 초기 비용이 적고 상황에 따라 유연하게 조정할 수 있으며, 필요에 따라 쉽게 확장할 수 있다는 점에서 기업과 소비자의 부담을 줄이고 로봇 도입의 문턱을 크게 낮춘다. 이러한 변화는 로봇을 이용하는 방식을 단순 소유에서 공유와 구독 중심으로 바꾸며 RaaS 모델이 빠르게 확산하는 배경이 됐다.

일본 병원에서는 병동 간 물품 운반을 맡는 자율주행 로봇을 일정 기간 단위로 계약해 운용한다. 미국의 물류 스타트업들은 피크타임에만 로봇을 도입해 효율성과 비용 절감을 동시에 달성한다. 이제 로봇 제조사는 단순히 하드웨어를 생산·판매하는 기업이 아니라, 로봇이 작동하며 수집한 데이터를 분석하고 이를 바탕으로 고객 맞춤형 서비스를 제공하는 플랫폼 기업으로 진화하고 있다. 하드웨어, 서비스, 데이터가 긴밀히 연결되는 이 구조 속에서 로봇은 사용자 경험을 설계하는 핵심 매개체로 거듭나는 중이다.

② 로봇이 창출하는 새로운 비즈니스 생태계

로봇과 AI의 융합은 과거에 없던 완전히 새로운 비즈니스를 만들어낸다. 특히 주목할 점은 로봇 자체가 아니라 로봇을 중심으로 한 '생태계 비즈니스'가 급성장하고 있다는 점이다.

대표적인 예가 로봇 보험 시장이다. 로봇이 사람과 함께 일하는 환경이 늘어나면서 발생할 수 있는 사고나 오작동에 대비한 전문 보험 상품이 속속 등장하고 있다. 독일의 알리안츠 Allianz는 협동 로봇 전용 보험을 출시[41]했고, 미국에서는 자율주행 로봇 배송 과정에서 발생할 수 있는 사고에 대비하는 보험 상품이 새로운 시장을 형성했다.

로봇 교육 서비스 시장도 급성장 중이다.[42] 로봇을 도입한 기업들이 직원들에게 로봇과 협업하는 방법을 가르치는 교육 프로그램을 필요로 하면서 전문 교육 기업들이 등장하고 있다.

덴마크의 유니버설 로봇은 협동 로봇 아카데미를 운영하면서 직원들을 교육한다. 이는 연간 수십억 원 규모에 달하는 새로운 수익원이다. 이제 로봇 교육은 단순한 기술 훈련이 아니라 사람과 로봇이 함께 일하는 시대의 '언어'를 익히는 과정이다.

현장에 투입되는 로봇 수가 늘어나면서 '플리트 매니지먼트 Fleet Management' 서비스 수요도 빠르게 증가하고 있다. 이 서비스는 로봇의 상태를 실시간으로 점검하고 작업을 효율적으로 배분하며 예측 유지 보수까지 수행한다. 택시 회사가 차량 관리를 외부 전문 업체에 위탁하듯, 이러한 관리 서비스는 로봇이 많아질수록 운영 효율성과 안전성을 동시에 확보하는 새로운 산업군으로 자리매김하고 있다.

이처럼 로봇과 AI의 융합은 개별 기술의 발전을 넘어 산업 전반의 구조와 경계를 재편한다. 제조 업체가 서비스 플랫폼으로, 반도체 기업이 로봇 생태계의 주도자로 재편되는 흐름은 더 이상 예외적인 현상이 아니다. 기존의 경계가 허물어지고 데이터·하드웨어·소프트웨어가 유기적으로 연결되는 새로운 생태계에서, 데이터를 수확하는 로봇은 미래 산업의 설계자이자 촉매로 떠오르고 있다.

AI 산업과 로봇 산업의 결합

로봇이 사람처럼 실수를 통해 배우고 경험을 축적하면서 더 나은 행동을 익힌다는 개념은 한때 SF 소설 속 이야기로 여겨졌지만, 이제는 현실의 기술로 자리 잡고 있다. 이것이 강화 학습의 기본 원리다.[43] 일정한 보상 체계를 기반으로 시행착오를 반복하며 최적의 행동 방식을 스스로 찾아가는 강화 학습은 과거의 단순한 제어로는 구현할 수 없었던 복잡한 문제들을 해결하는 데 중요한 역할을 한다.

강화 학습은 아이가 자전거 타는 법을 배우는 과정과 닮았다.[44] 처음에는 중심을 잡지 못해 자주 넘어지지만 점차 균형 감각을 익히고 주행 거리를 늘리면서 스스로 몸의 움직임을 조절하는 법을 터득한다. 이처럼 로봇도 물체를 정확하게 집거나 장애물을 피하는 등 같은 동작을 수천 번, 수만 번 반복하면서 결과에 따른 보상과 벌점을 통해 점점 더 정교한 방식으로 상황을 판단하게 된다. 즉 인간처럼 실수에서 배우며 끊임없이 개선해나가는 존재로 진화하는 것이다.

구글 딥마인드는 2016년부터 로봇 팔에 강화 학습을 적용해 사람이 개입하지 않아도 물체를 집고 옮기는 동작을 스스로 학습하도록 하는 프로젝트를 진행했다.[45] 로봇은 성공과 실패를 반복하며 얻은 데이터를 바탕으로 점점 정교한 조작 능력을 갖추게 됐다. 이는 로봇이 기계적인 명령 수행을 넘어서 자율적인 적응 능력을 갖출 수 있음을 보여줬다.

구글은 이 연구의 연장선에서 2025년 'Gemini Robotics-ER 1.5'를 발표하고 언어·시각·행동 데이터를 통합적으로 이해하는 멀티모달 추론 모델을 선보였다. 이 모델은 사용자의 자연어 지시를 해석하고, 인터넷에서 검색하거나 외부 도구를 스스로 호출해 복잡한 작업을 수행하도록 설계됐다. 단순한 인식과 조작을 넘어 '상황을 이해하고 판단하는 물리적 지능Physical Intelligence'을 구현한, 로봇 지능 발전의 최신 단계인 피지컬 AI라 할 수 있다.

미국의 로봇 스타트업 피규어 AI는 전신 휴머노이드 로봇에 강화 학습을 적용해 사람이 생활하는 공간에서 자연스럽게 움직이고 협력하는 수준까지 기술을 끌어올리고 있다.[46] 이들의 시도는 휴머노이드 로봇 두 대가 서로 신호를 주고받으며 협력해 무거운 물건을 옮기거나 장애물을 자연스럽게 피해 가는 모습을 보여줬다. 이러한 결과는 기술적 성과를 넘어 로봇이 인간과 유사한 사회적 상호작용까지 구현한다는 점에서 의미가 크다.

이런 변화는 연구실을 넘어 산업 현장에도 빠르게 적용되고 있다. 현대자동차그룹은 미국 조지아주에 건설한 '메타플랜트 아메리카 Hyundai Motor Group Metaplant America, HMGMA'에서 AI 기반 자율 이동 로봇을 통해 부품의 위치와 상태를 실시간으로 파악하고 있다.[47] 이 로봇은 단순히 명령을 수행하는 것이 아니라 이상을 감지하면 스스로 문제를 인식하고 생산 공정을 최적화하는 판단까지 내린다. 정해진 규칙에 따라 움직이던 시스템에서 벗어나 자율성과 융통성을 갖춘 새로운 공장 운영 방식이다.

한국에서도 AI와 로봇 기술의 결합이 구현되고 있다. 네이버랩스의 '브레인리스 로봇 루키 Rookie'가 대표적인 사례다.[48] 이 기술은 로봇 자체에 고성능 컴퓨터를 넣는 대신 5G 초저지연 통신을 활용해 클라우드 기반 AI 두뇌 아크ARC가 제어하는 방식이다.

이 로봇은 CES 2019에서 최초로 공개된 뒤 현재 네이버 제2 사옥 1784에서 운영 중이다. 루키는 아크를 통해 하루에만 200만 번 이상 자신의 위치를 확인하고 수시로 데이터와 알고리즘을 업데이트하면서 더 똑똑해지고 있다. 로봇 수십 대가 지능 시스템을 공유하며 협력하는 이 방식은 '집단 지능 네트워크'로서 로봇을 보여주는 흥미로운 예다.

자율주행 기술 역시 로봇과 AI 융합의 대표 응용 분야다. 테슬라 차량은 도로 주행 중에 끊임없이 데이터를 수집하고 이를 클라우드로 전송해 AI가 학습할 수 있도록 한다.[49] 차량 한 대가 겪은 위기 상황은 전 세계에 흩어진 테슬라 차량 모두가 함께 학습하는 지식 자산이 된다.

이는 강화 학습 기반의 공동 진화라는 점에서 집단 지능Collective Intelligence

미국 조지아주에 건설한 메타플랜트 아메리카_현대자동차그룹

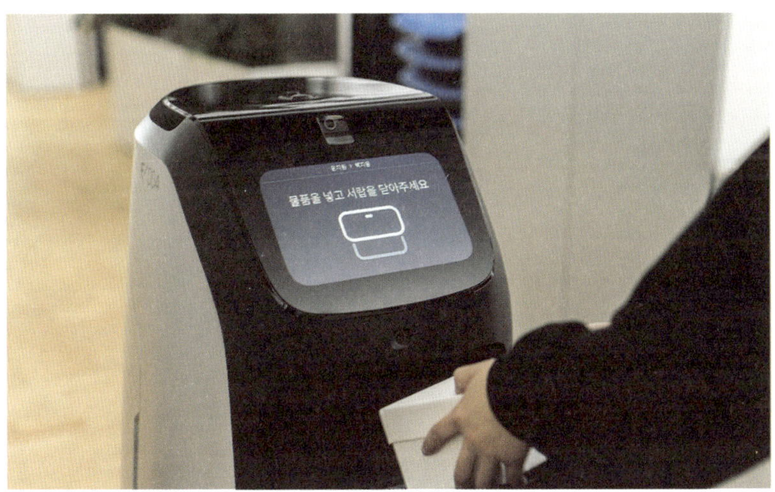

네이버 제2 사옥에서 활약 중인 배달 로봇 루키_네이버랩스

의 실현에 가깝다. AI가 도로에서 수많은 상황을 학습하며 스스로 판단을 고도화하는 이 시스템은, 자율주행차가 단순한 운전자 보조 기능에서 벗어나 스스로 판단하고 적응하는 지능형 로봇으로 진화하고 있음을 보여준다.

테슬라 FSD는 왜 '집단 지능'의 사례일까?

테슬라의 자율주행 소프트웨어인 FSD Full Self-Driving는 차량 한 대가 주행 중에 수집한 데이터를 테슬라 서버에 업로드하고, 이를 바탕으로 중앙에서 학습한 모델을 모든 차량에 업데이트하는 구조다. 이는 개별 차량의 경험이 전체 차량의 학습에 기여하는 시스템으로, 로봇 간 지능 공유라는 측면에서 '집단 지능'의 대표 사례로 언급된다.

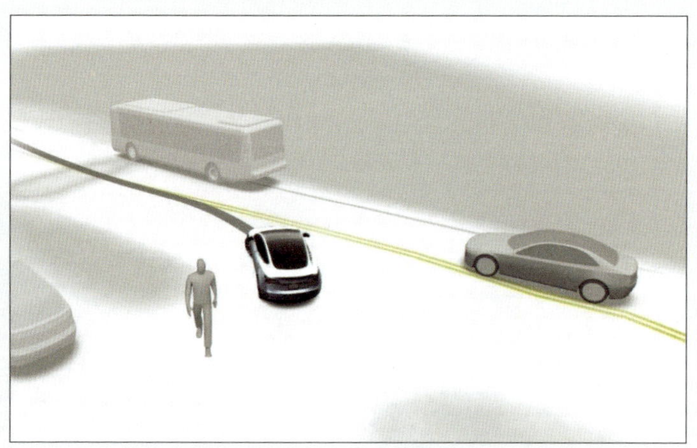

주변 환경을 인식하며 자율주행 데이터를 수집하고 공유하는 FSD 시스템_Tesla

이처럼 강화 학습과 자율주행 기술은 로봇이 도구를 넘어 스스로 주변 상황을 인식하고 판단하며 인간에게 협력하는 존재로 발전할 기반을 마련한다. 피지컬 AI가 그리는 미래는 기술만의 이야기가 아니다. 이 변화는 기술 자체의 고도화를 넘어서 산업의 작동 방식, 사람과 기계의 관계, 더 나아가 인간 사회 전체의 구조에도 큰 변화를 일으키는 과정이다.

우리가 마주한 도전은 단순한 기술 개발만이 아니라 기술을 어떻게 사회적으로 통합하고 믿을 수 있는 방식으로 운영할지 고민하는 데 있다. 로봇과 AI가 만들어갈 내일이 모두에게 안전하고 풍요로운 미래가 되도록, 기술 너머를 바라보는 논의와 준비가 필요한 이유다.

초고령화 사회,
로봇이 해답이 될 수 있을까?

AI와 로봇이 열어가는 실버테크 시대

로봇과 AI 기술은 고령화가 빠르게 진행되는 이 시대에 인구 구조의 근본적인 문제를 해결할 새로운 열쇠로 주목받고 있다. 특히 실버 산업에서는 '보행'이라는 기본적인 신체 기능 유지와 회복이 삶의 질과 직결된다. 바로 이 보행을 보조하는 기술로 AI 기반 웨어러블 로봇이 주목받고 있다.

AI 기술은 노인의 생체 데이터를 실시간으로 수집하고 분석해 건강 이상 징후를 조기에 발견하거나 개인 맞춤형 생활 관리 서비스를 제공하는 데 활용된다. 예를 들어 심박수, 활동량, 수면 패턴 같은 데이터를 기반으로 AI가 인간의 건강 상태를 예측하고 필요 시 자동으로 의료진과 연계하는 시스템이 보급되고 있다. 이러한 기술은 낙상 사고를 예방하거나 만성 질환자의 약물 복용을 관리하는 등 일상 전반의 자립을 돕는 방향으로 발전 중이다.

하지만 모니터링만으로는 부족하다. 실제 신체의 운동 능력을 보조하거나 회복을 돕기 위해서는 로봇이 물리적 장치 역할도 해야 한다. 로봇이 제공하는 '물리적인 보조력'은 AI 기술이 단독으로 해결할 수 없는 '실제 생활 보조'라는 문제를 보완하는 해법이다. AI가 수집한 데이터로 인간의 움직임을 정밀하게 분석하고 그 결과를 실시간으로 반영해 사용자 맞춤형 운동 보조를 제공하는 로봇 기술이 점점 고도화되고 있다.

이러한 배경에서는 '보행 건강'이라는 개념이 매우 중요하다. 이는 노인의 운동 기능을 기준으로 고령 인구를 세분화하려는 시도다. 일본에서는 '로코모티브 신드롬'이라는 개념으로 제도적인 적용이 시작됐다. 간단히 말해 이 사람이 얼마나 잘 걷는지를 지표화해 액티브 시니어, 일반 고령자, 만성 질환자로 나누고 각각의 특성에 맞는 기술과 서비스를 설계하는 방식이다. 이런 접근 방식은 헬스케어와 실버테크 시장을 더욱 정밀하게 겨냥할 전략적인 토대를 마련해준다.

이미 여러 기업이 AI와 로봇 기술을 결합한 솔루션을 선보이고 있다. 미국의 케어프레딕트CarePredict는 웨어러블 센서 기반으로 노인의 행동 패턴을 모니터링하고 치매나 낙상 위험을 예측하는 시스템을 개발했다. 반면 일본의 사이버다인은 고령자를 위한 웨어러블 로봇 HAL을 선보였으나 불편한 사용감과 비싼 비용, 착용에 대한 심리적 저항 등으로 실버 산업에서 큰 성공을 거두지는 못했다.

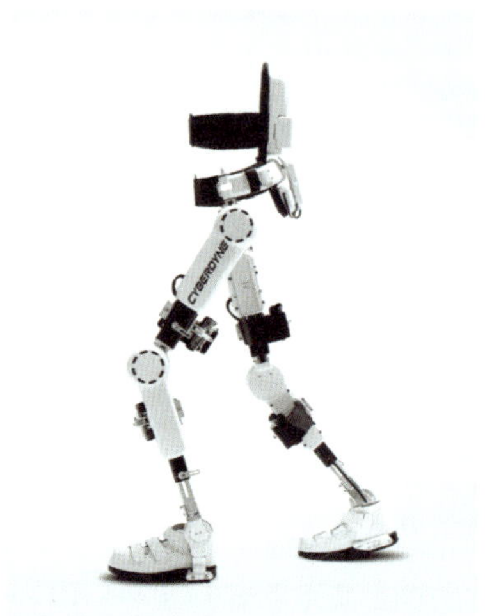

고령자를 위한 웨어러블 로봇 HAL_Cyberdyne

이러한 사례는 아무리 기술이 뛰어나도 고령층이라는 수요자의 특성과 생활 환경을 충분히 고려하지 않으면 성공하기 어렵다는 점을 보여준다. 실제로 일부 AI 소셜 로봇들은 기술적으로는 뛰어났지만 사용자와의 정서적인 연결성이나 직관적인 사용성이 낮다는 한계에 부딪쳐 실패하기도 했다.

결국 실버 산업에서 기술이 성공하려면 기술의 정밀함만 추구하기보다는 기술이 인간의 일상에 얼마나 자연스럽게 스며드는지, 실제로 불편을 줄여줄 수 있는지를 고민해야 한다. AI와 로봇의 결합은 이러한 조건을 만족시킬 강력한 수단이다. 앞으로 실버테크 산업에서는 '보행 건강'이라는 지표를 중심으로 개인화된 서비스와 제품이 진화할 전망이다. 이를 통해 노년기의 삶을 '의학의 영역'에서 '생활의 영역'으로 확장하는 기술적인 전환점이 찾아올 것이다.

인간의 능력을 확장하는 파트너, 웨어러블 로봇

웨어러블 로봇은 인간의 신체에 밀착해 직접 착용하는 장치로, 인간의 움직임을 보조하거나 힘을 증강하는 기술로서 발전해왔다. 산업용 로봇과 달리 사용자의 신체와 직접 연결되기 때문에 기술적 정밀성은 물론이고 인간공학적인 설계와 심리적인 수용성까지 함께 고려해야 한다. 이처럼 복합적인 요구는 웨어러블 로봇을 단순한 장비를 넘어 인간의 능력을 확장하는 파트너로 만들었다.

웨어러블 로봇은 산업은 물론 의료 재활, 일상 보조, 근로자 작업 보조, 국방, 스포츠, 교육, 심지어 엔터테인먼트에 이르기까지 다양한 영역으로 확장되고 있다. 특히 인구 고령화와 근로자 부족 문제가 맞물

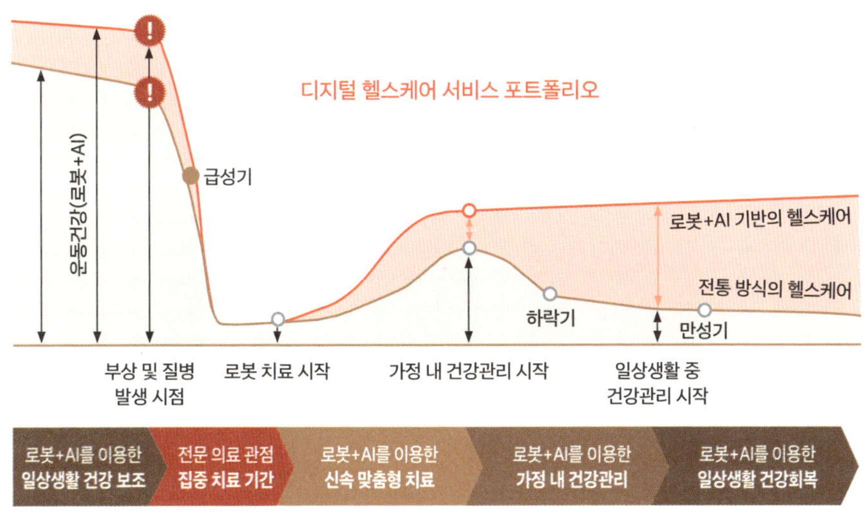

로봇과 AI 기술을 이용한 생애 전주기적 헬스케어 시나리오

엑소 바이오닉스의 산업용 외골격_Ekso Bionics

리면서 신체 기능 보조나 재활 목적의 웨어러블 로봇 수요가 빠르게 증가하는 추세다.

대표적인 웨어러블 로봇 기업 중 하나인 일본의 사이버다인은 신경 신호를 감지해 움직임을 돕는 HAL을 상용화했다. 미국의 엑소 바이오닉스Ekso Bionics는 산업 및 군사용 외골격을 다수 개발했다. 이들은 B2G(정부 공급), B2B(병원 및 재활 센터) 중심으로 시장을 확장해 왔으며 최근에는 B2C(일반 소비자) 시장으로 진입할 전략도 모색하고 있다.

지금까지 소개한 기업들은 웨어러블 로봇 1세대라 할 수 있다. 이 기업들이 '인간이 착용하는 로봇'이라는 새로운 산업 영역을 개척한 사실은 분명하지만, 상용화 과정에서 뚜렷한 기술적 진보를 찾아보기 어렵다는 아쉬움도 있다.

앞서 '위치 제어'와 '힘 제어', 나아가 '임피던스 제어' 등으로 구동기 제어 기술을 분류해 소개했다. 사실 힘 제어와 임피던스 제어 방식은 사람과 상호작용하는 분야에서 가장 먼저, 깊게 연구된 기술이기도 하다.

글로벌 선도 기업들이 이러한 기술의 변화를 이끌지 못하는 상황에서, 엔젤로보틱스는 기술적 차별성으로 또 다른 모멘텀을 만들어내고 있다. 엔젤로보틱스는 힘 제어 방식 구동기와 고도의 행동 의도 파악 알고리즘을 기반으로 보행 재활 치료용 웨어러블 로봇인 엔젤렉스 M20을 상용화했다.

이 로봇은 아급성기 뇌졸중 환자를 도우며, 국내 최초로 건강 보험 수가를 적용받은 의료용 로봇이다. 엔젤로보틱스는 병원에서 이뤄지는 로봇 재활 의료 시장에서 홈케어 시장으로 확장하기 위해 로봇을

엔젤렉스 M20을 착용한 모습_엔젤로보틱스

플랫폼화하는 중이다. 사용하는 센서의 수를 대폭 줄이면서도 행동 의도 파악의 정밀도는 유지하는 첨단 기술을 확보하고 있다.

엔젤로보틱스는 단순한 하드웨어 개발을 넘어 착용자의 경험 데이터 기반 제어 알고리즘, 감성적인 수용성까지 고려한 디자인, 의료 시스템과 연계할 가능성까지 고려한 '커넥티드 디지털 헬스케어 생태계'를 구축하는 중이다.

웨어러블 로봇 산업의 주요 특징은 '적응성과 확장성'이다. 사람마다 신체 특성과 움직임이 다르기 때문에 정해진 환경이 아니라 실제 상황에서 다양한 변수를 처리하는 유연한 시스템이 필요하다.

이러한 이유로 클라우드 기반 데이터 연동, AI를 통한 패턴 분석, 센서-로봇 간 실시간 피드백 루프 같은 기술들이 통합되고 있다. 이 흐름은 웨어러블 로봇의 활용 범위를 더욱 넓히는 중이다.

장애인을 위한 보조 기기나 환자의 보행 재활 장비를 넘어 근골격계 부담을 줄이는 산업 현장 보조 로봇, 고령자의 일상 보행을 돕는 스마트 보조 기기, 게임이나 체험형 콘텐츠에서 몰입감을 높이는 인터랙티브 장비까지 웨어러블 로봇의 쓰임새는 빠르게 확장되고 있다.

앞으로 웨어러블 로봇 분야에서는 하드웨어 자체보다 플랫폼과 서비스 모델로 전환하는 양상이 핵심이 될 것이다. 사용자의 움직임 정보를 실시간으로 수집·분석하고, 이 데이터를 바탕으로 개인화된 제어 전략을 적용하는 것이다. 여기에 의료 기관, 복지 기관, 보험사 등 다양한 파트너와 연계하는 구조를 더하면 로봇은 단순한 장비가 아니라 '삶의 일부로 자연스럽게 통합되는 서비스 매개체'로 자리매김하게 될 것이다.

웨어러블 로봇 산업은 인간의 신체 능력을 직접 확장하는 기술이라는 점에서 로봇 비즈니스 중에서도 가장 개인적이고 사회적인 영역이다. 기술이 인간의 삶에 들어와서 비로소 완성된다면, 웨어러블 로봇은 그 가능성을 가장 먼저 현실로 옮긴 기술이라 할 수 있다. 지금 이 순간에도, 인간의 몸과 기술이 만나는 접점에서 그 가능성이 현실로 찾아오는 중이다.

PART 4

휴머노이드
M.AX 얼라이언스,
한국 로봇의 반격

로봇 전쟁의 승부수는
'플랫폼'이다

산업 '플랫폼'이란 무엇인가

2025년 4월 10일 산업통상자원부를 중심으로 휴머노이드 M.AX 얼라이언스(구 K-휴머노이드 연합)가 탄생했다. 이는 대한민국의 로봇 기술 지도를 새로 쓰기 위한 국가적인 시도이자, 산업 구조 전반을 '연결'이라는 개념으로 재정의하려는 노력이다.

휴머노이드 M.AX 얼라이언스의 탄생 배경을 제대로 이해하려면 먼저 '산업 플랫폼'이라는 개념을 살펴볼 필요가 있다. 산업 플랫폼은 단순히 기업들이 모여서 협력하는 차원을 넘어 산업 생태계 전체가 연결돼 함께 성장하는 구조를 의미한다.

이 개념을 가장 먼저 체계적으로 제시한 인물은 고(故) 이민화 박사

(1953~2019)다. 1985년 메디슨을 창업해 한국 벤처 1세대를 연 이민화 박사는 1995년 벤처기업협회를 설립하면서 개별 기업의 성공을 넘어선 '벤처 생태계 전체의 선순환'이라는 새로운 비전을 제시했다.

이민화 박사는 "한강의 기적을 이끈 경부고속도로가 국가의 대동맥이라면, 4차 산업 혁명 시대의 산업 대동맥은 '산업 플랫폼'"이라고 비유하며 "이제는 단독 경제에서 개방 협력 구조로 가야 한다. 우리는 공유 개념이 약하다"라고 강조했다. 전통적인 대기업의 수직적 통합과 다르게 각 주체가 핵심 역량에 집중하되, 수평적 협력을 통해 전체 생태계의 경쟁력을 높이는 새로운 방식을 제안한 것이다.

그는 특히 경쟁사라 할지라도 필요에 따라 전략적으로 제휴를 맺고 각자 강점을 살려 시너지를 만들어내는 개방적 협력의 중요성을 강조했다. 보통 우리나라에서 산업 로드맵을 그릴 때 삼성전자나 LG전자, 현대자동차 등 대기업이 개입하기 시작하면 '게임 끝'이라고 인식하는 경우가 많다. 그러나 산업 플랫폼 개념에서는 굴지의 대기업이라도 늘 중심에 서는 것이 아니라 핵심 기술과 모듈을 제공하는 다른 기업을 돕는 써드 파티^{3rd Party}가 될 수 있다고 가정한다. 당시로서는 상당히 파격적인 발상이었다. 전통적인 한국 기업 문화에서는 경쟁사와 협력을 꺼리는 경우가 많았다. 특히나 대기업들은 계열사를 중심으로 한 수직적 통합을 선호했기 때문이다.

이민화 박사가 제시한 산업 플랫폼의 핵심은 개방과 공유였다. 한국 기업들은 기술부터 인력, 자금까지 모든 것을 내부에서 조달하려 하는 반면 실리콘밸리 기업들은 기술과 인재, 심지어 경쟁 전략까지도 서로 나누며 생태계 전체를 키운다. 그는 이러한 배경에서 '공유 문화'

의 중요성을 역설했다.

이런 공유 개념은 상호 보완적인 경쟁을 의미한다. 각 기업이 자신의 핵심 역량에 집중하고 부족한 부분은 파트너와 협력하면서 채우는 방식이다. 예를 들어 하드웨어 전문 기업은 소프트웨어 개발사와 손잡고, 기술력은 있지만 자금이 부족한 스타트업은 대기업과 제휴하는 식이다.

기업은 개방형 구조로 기술과 자원, 정보를 공유하며 시장을 활성화하고, 플랫폼이 곧 국가 경쟁력의 핵심이 된다. 이러한 철학을 통해 개별 기업의 한계를 뛰어넘어 산업 전체의 혁신 속도를 크게 높일 수 있다.

로봇 산업에 플랫폼이 필요한 이유

4차 산업 혁명이 몰고 온 거대한 기술 변화의 한가운데 있는 로봇 산업은 그 어떤 분야보다도 복합적인 구조다. 기계, 전자, IT, AI 등 다양한 기술이 융합돼야 하고, 시장에서는 점점 더 복잡한 수요에 맞춰 다품종 소량 생산을 요구한다.

이런 변화는 단일 기업의 역량만으로는 감당하기 어려운 복잡한 생태계를 만든다. 이를 뒷받침할 비즈니스 생태계를 만들기 위해 '플랫폼' 전략이 전 세계로 확산하고 있다.

산업 플랫폼은 협력 구조를 넘어 새로운 가치를 창출하는 개별 산업별 플랫폼으로 발전한다. 특히 아직까지 뚜렷한 시장 표준이 형성되지 않은 분야에서는 산업 플랫폼이 기술적인 불확실성을 낮추고 시장 형성을 촉진하는 전략이 될 수 있다.

무엇보다 로봇 산업은 전통적인 수직 통합 방식이 통하지 않는 분야다. 자율적인 생태계가 구축되기엔 규모가 작은 신기술·신시장의 특성상, 개별 기업이 전방위적으로 기술을 독점하거나 독자 생태계를 완성하기에는 기술의 범위가 너무 넓고 시장의 성숙도가 낮다.

이러한 상황에서는 정부의 '빅 브라더^{Big Brother}' 역할이 중요하다. 조지 오웰의 소설처럼 '국가가 사회를 감시하고 통제한다'라는 뜻이 아니다. 시장 실패가 발생하기 쉬운 신기술 분야에서 정부가 플랫폼 구축을 주도하고 개별 기업들이 감당하기 어려운 초기 투자 위험을 분산하며, 공통 기술 개발과 표준화를 추진해야 한다는 것이다. 단일 기업 차원에서는 이처럼 종합적인 플랫폼을 구축하기 어렵기 때문에 정부의 조정 역할이 필수다.

미국과 중국의 빅테크 기업들이 천문학적인 투자로 시장을 선점하려는 상황에서, 상대적으로 자본력이 부족한 한국 기업들이 각자도생으로 경쟁하기에는 한계가 명확하다. 특히 독자 개발을 중시하는 문화에서는 플랫폼 비즈니스의 촉발과 활성화를 이끌기 어렵고, 중소·중견기업의 역량도 기대에 미치지 못하는 상황이다.

해외에서는 글로벌 기업을 중심으로 플랫폼 구축과 데이터 개방 문화가 정착해 민간에서 자발적으로 플랫폼 산업을 육성하는 환경이 갖춰졌다. 그러나 우리나라는 아직 이러한 문화적 준비와 기업 역량이 갖춰지지 않아 민간 주도 플랫폼 비즈니스 육성이 어려운 실정이다.

이런 배경하에 로봇 산업에서 플랫폼이 구축된다면 산업 전체의 혁신 속도를 크게 높일 수 있다. 각 기업이 핵심 역량에 집중하고 공통 부품과 모듈을 공유하며, 다양한 응용 분야에 따라 맞춤형 제품을 빠르게 개발하는 유연한 산업 구조가 만들어지기 때문이다.

그런데 이 같은 구조가 제대로 작동하려면 무엇보다 모듈과 인터페이스의 표준화가 핵심이다. 서로 다른 회사가 만든 로봇들이 같은 언어로 소통하고, 프로그램끼리 연동되며, 하드웨어 모듈도 호환돼야 하기 때문이다.

모듈 및 인터페이스 표준화로 다양한 로봇이 호환되면 생산 물량을 확대해 비용 절감과 품질 안정화, 기술 고도화를 이룰 수 있다. USB, HDMI처럼 표준화된 인터페이스가 다양한 기기 사이에서 호환성을 보장하며 전자제품 시장을 확대한 것과 같은 과정이다.

그렇다면 누가 표준화를 주도할 것인가? 앞서 말한 정부의 역할이 여기서 빛을 발한다. 개별 기업이 각각 다른 규격으로 개발하면 결국 서로 호환되지 않는 제품이 난립하게 되지만, 민·관이 함께 공통 플랫폼을 구축하면 모든 기업이 같은 기반 위에서 경쟁하게 된다. 이에 참여하는 기업들은 인프라 구축 부담을 덜고 각자의 핵심 역량에만 집중할 수 있다.

이를 통해 효율성 향상에 따른 비용 절감과 기술 혁신을 통한 가치 창출이 동시에 이뤄지면 개별 기업이 각자 잘하는 분야에 전문화하면서도 전체 생태계의 경쟁력을 높일 수 있다.

마지막으로 빼놓을 수 없는 부분은 데이터 통합이다. 다양한 기업과 장비가 생성하는 데이터를 하나로 모으면 집단 지성을 기반으로 학습과 최적화, 예측 서비스가 가능해진다. 로봇이 실제 현장에서 작동하면서 만들어내는 작업 환경 정보, 성능 데이터, 오류 정보, 사용 패턴 등은 로봇의 성능을 개선하고 새로운 서비스를 개발하기 위한 핵심 자산이다. 이러한 데이터가 플랫폼을 통해 공유되고 활용될 때 비로소 단일 기업의 역량을 넘어서 전체 생태계가 함께 진화하는 구조가 완성된다.

그러나 로봇 산업은 아직 공통 기반이 충분히 정립되지 않아, 로봇의 구조나 형태가 달라지면 제어 체계도 함께 조정해야 하는 경우가 많다. 기술과 데이터는 각자의 기준에 따라 흩어져서 충분히 축적되지 않고, 경험 역시 한 흐름으로 이어지지 못한다.

이러한 단절을 줄이고 기업과 연구자, 스타트업이 같은 실행 환경 안에서 피지컬 AI 개발을 시작할 수 있도록 설계한 플랫폼이 바로 OnePhAI 플랫폼 OnePhAI.com 이다. 이 플랫폼은 개별 제품의 완성도를 높이는 것에 앞서, 로봇의 물리 구조와 제어 체계 그리고 학습 데이터가 같은 흐름 안에서 이어지도록 공통 실행 환경을 마련하자는 문제의식에서 탄생했다. 하드웨어와 제어 구조를 먼저 정돈한 뒤 그 위에 인공지능을 자연스럽게 얹을 수 있도록 설계하려는 시도다.

이러한 구상은 딥테크 스케일업 밸리 Deep-Tech Scale-up Valley 사업(기술 창업의 초기 단계를 넘어 연구 성과를 산업 규모로 키우도록 지원하는 정부 주도 기술 사업화 프로그램)을 계기로 더욱 구체적인 형태를 갖추기 시작했다. 연구 개발과 사업화, 생태계 확장을 분리된 단계로 보지 않고 연속되는 과정으로 묶으려는 흐름 속에서 AI를 위한 실행 기반을 먼저 설계하자는 고민이 프로젝트로 이어진 것이다. 무작정 제품을 늘리는 대신 기반 설계로 출발했다는 점에서, 산업 플랫폼에 대한 철학이 현장에서 구현된 장면이라 할 수 있다.

　로봇 산업의 미래는 플랫폼을 기반으로 한 생태계 협력에 달려 있다. 그리고 한국 로봇 산업계에서도 주목할 만한 변화가 시작됐다. 휴머노이드 M.AX 얼라이언스에서 이러한 산업 플랫폼 개념이 구현되기 시작한 것이다. 로봇 제조사, AI 전문가, 부품 기업, 수요 기업, 대학이 각자의 전문성을 바탕으로 협업에 참여하되, 수평적 협력을 통해 한국 로봇 산업 전체의 경쟁력을 높이려는 시도다.

　휴머노이드 M.AX 얼라이언스는 이민화 박사의 산업 플랫폼 철학을 계승하면서도 우리나라 현실에 맞게 바꾼 형태라고 볼 수 있다. 개방과 협력을 통한 생태계 구축이라는 핵심 철학은 유지하되 글로벌 경쟁이 치열한 휴머노이드 분야의 특성상 정부가 적극적으로 주도하는 방식을 택한 것이다. 이제 얼라이언스가 어떤 구조로 무슨 전략을 구사하는지 살펴보자.

대한민국 로봇 어벤져스,
'휴머노이드 M.AX 얼라이언스'의 탄생

그들은 왜 손을 잡았나

한국 로봇 산업의 방향은 비교적 최근부터 바뀌기 시작했다. 산업통상자원부가 주도하고 국내 주요 로봇 제조사와 부품 기업, AI 스타트업부터 대기업까지 참여한 '휴머노이드 M.AX 얼라이언스'가 공식 출범하면서 기술 개발을 넘어 산업의 구조 자체를 새롭게 설계하는 시작점이 됐다.

휴머노이드는 실험실에만 국한된 연구 주제를 뛰어넘어 글로벌 시장에서 상용화 단계에 접어들었다. 이런 현실 앞에서 우리나라만 여전히 준비 단계에 머무를 수는 없다.

휴머노이드 M.AX 얼라이언스가 탄생한 배경은 우리나라 로봇 산업이 오랫동안 안고 있던 구조적인 문제였다. 그동안 각 기업과 연구 기관이 개별적으로는 뛰어난 성과를 보였지만, 휴머노이드라는 복합 기술 앞에서는 한계가 분명했다.

기계공학, 전자공학, AI가 모두 결합하는 휴머노이드는 어느 한 분야에서 우수하다는 것만으로는 완성할 수 없는 기술이었다. 우리나라는 정밀한 제조 기술, 축적된 하드웨어 설계 능력, 뛰어난 연구 인력까지 모두 갖췄지만 각자의 영역에서만 뛰어날 뿐 그 능력을 하나로 모으지는 못했다. 마치 훌륭한 연주자들이 각자 다른 악보를 보며 연주하는 것 같았다.

해결이 더욱 절실했던 문제는 글로벌 경쟁에서 뒤처질지도 모른다는 위기감이었다. 테슬라가 소프트웨어부터 하드웨어, 에너지 인프라까지 수직 통합을 이뤄내고 중국이 정부 주도로 빠르게 성과를 내는 동안, 우리나라는 개별 영역에서 분투할 뿐 전체적인 시너지를 만들어내지 못하고 있었다. 미국과 중국에서는 빅테크 기업들이 천문학적인 투자로 휴머노이드 시장을 선점하려는 상황이었다.

이 같은 상황에서 산업계와 전문가들은 "거대 자본과 기술을 보유한 글로벌 빅테크 기업들을 따라잡기 위해서는 국가의 전폭적인 지원과 생태계 차원의 역량 결집이 필요하다"라며 한목소리를 내기 시작했다. 산업이 하나의 생명체처럼 유기적으로 작동하게 만들 새로운 틀이 필요했다. 단순히 로봇을 '잘 만드는 것'에서 나아가, 로봇이 실제로 작동하고 생명체처럼 유기적으로 지속될 수 있는 환경과 기반을 함께 만들자는 데 뜻을 모은 것이다.

한국 로봇 산업의 운명이 바뀐 날

2025년 4월 10일, 40여 개에 달하는 국내 최고 기업과 대학의 전문가들이 모여 'K-휴머노이드 연합(현 휴머노이드 M.AX 얼라이언스)'을 결성했다. 한국 로봇 산업 역사상 이처럼 폭넓고 유기적인 협력 체계가 구성된 것은 처음이었다. 로봇을 만드는 기업, 핵심 부품을 공급하는 기업, AI 기술을 개발하는 회사, 그리고 실제 로봇을 사용할 수요 기업까지, 모든 주체가 한 목표를 향해 협력해야 한다는 공감대를 형성한 결과였다.

얼라이언스가 특별한 까닭은 단순히 많은 기업이 모였다는 데 있지 않다. 얼라이언스 결성은 로봇을 '잘 만드는 것'만으로는 부족하다는 인식, 그리고 로봇 기술이 실제 현장에서 작동할 수 있는 환경과 조건까지 함께 마련해야 한다는 논의가 이뤄진 결과였다. 휴머노이드라는 복합 기술을 완성하려면 각자의 전문 분야에서 최고 수준에 도달하는 동시에, 서로 다른 기술들을 매끄럽게 연결할 방법까지 함께 고민해야 한다고 판단한 것이다.

이날 출범식은 한국 로봇 산업의 중요한 전환점이었다. '2030년까지 세계 최고 수준의 휴머노이드 기술 확보'라는 공동 목표 아래, 우리나라는 이제 로봇이라는 기계를 넘어 산업 생태계 전체를 새로 설계하는 새로운 국면에 들어섰다.

한국형 휴머노이드 전략은
무엇이 다른가

6개 전문 그룹 구조와 역할 분담

휴머노이드 M.AX 얼라이언스는 '총괄위원회' 소속 30여 개 기관과 '참여 기관' 150여 개로 구성돼 있다. 구성원 수는 앞으로도 꾸준히 확대될 예정이다. 각자 전문성에 따라 'AI 개발', '로봇 제조사', '로봇 부품사', '로봇 수요 기업', '대학 인재 연합', '연구 및 전문가' 등 6개 전문 그룹으로 나눠 역할을 분담하고, 총괄위원회가 전체 조율과 방향 설정을 담당한다. 단순히 기관들이 모인 협의체가 아니라 로봇 R&D 및 비즈니스 생태계 구축까지, 산업 전반에 필요한 모든 요소를 포괄하는 통합 구조다.

휴머노이드 로봇 하나를 완성하기 위해서는 많은 전문 영역이 필요하다. 얼라이언스의 6개 전문 그룹 구성을 보면 그 구조가 한눈에 보인다. 로봇을 조립하는 제조사만으로는 완성하기 어려운 복합적인 생태계가 구성돼 있다.

얼라이언스의 핵심은 AI 전문가 그룹과 로봇 제조사 그룹이다. AI 개발 그룹에서는 서울대학교 AI연구원장 장병탁 교수를 중심으로 KAIST, 고려대, 연세대, 포항공대, 부산대, 광주과학기술원, 서강대 등의 연구진이 로봇의 '두뇌' 역할을 담당한다. 이들이 개발 중인 로봇 AI 파운데이션 모델은 2028년 완성이 목표다. 단순히 명령을 수행하는 수준을 넘어 현장에서 학습하고 적응하는 지능형 시스템을 추구한다.

로봇 제조사 그룹은 이런 AI를 실제로 구현할 '몸체'를 만드는 역할이다. 레인보우로보틱스부터 에이로봇, 홀리데이로보틱스, 두산로보틱스, LG전자까지 참여한 기업들은 각자 기술적 특장점을 살리면서도 공통된 기술 표준을 만들어간다.

부품 기업들의 참여도 눈에 띈다. SK온, LG에너지솔루션, 삼성SDI 등 배터리 3사가 휴머노이드 전용 배터리 개발에 참여하며 고밀도·장수명·고안전 배터리를 개발하고 있다. 리벨리온, DEEPX 등 AI 반도체 기업들은 온디바이스 환경에 적합한 고성능 저전력 AI 반도체 개발을 담당한다.

로보티즈, 패러데이다이나믹스, 원익로보틱스 등 정밀 부품 전문 기업들은 센서, 액추에이터, 감속기 등 로봇의 '관절'과 '감각 기관'을 맡았다. 이런 부품들을 국내 기업이 개발한다면 글로벌 공급망 리스크를 줄이고 기술 자립도를 높일 수 있다.

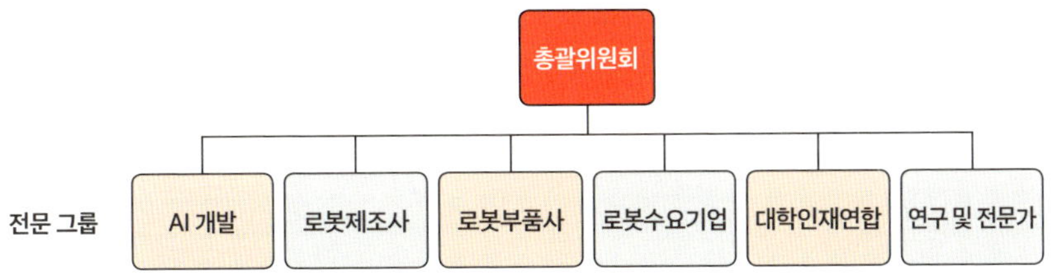

휴머노이드 M.AX 얼라이언스의 구조_산업통상자원부 휴머노이드 M.AX 얼라이언스 출범 보도자료

수요 기업들의 참여 방식도 눈에 띈다. 삼성디스플레이, 삼성중공업, HD현대미포조선, CJ대한통운, 포스코이앤씨 등은 단순한 구매자가 아니라 개발 파트너로 참여하고 있다.

이들은 실제 현장에서 로봇이 어떤 작업을 해야 하는지, 어떤 기능이 필요한지 구체적인 요구 사항을 제시하고 개발 과정에서 피드백을 제공한다. 이는 테슬라가 자사 공장에서 옵티머스를 테스트하고, 피규어 AI가 BMW 생산 라인에서 로봇 기술을 실증하는 방식과 유사하다. 로봇이 실험실을 벗어나 실제 현장에서 기술력을 검증받을 수 있는 환경이 마련된 것이다.

5대 미션으로 보는 한국의 휴머노이드 전략

휴머노이드 M.AX 얼라이언스는 2028년까지 달성할 다섯 가지 핵심 미션을 설정하고, 각 미션마다 구체적인 성과 지표를 제시한다.

① 로봇 AI 공용 모델 개발

국내 주요 연구진은 서울대학교 AI연구원을 중심으로 2028년까지 로봇 AI 파운데이션 모델을 개발할 계획이다. 국내 휴머노이드 기업들은 하드웨어 분야에 강점이 있지만 AI·소프트웨어 역량을 발휘하려면 해당 분야를 전담하는 전문 그룹과 반드시 협력해야 한다.

실제로 엔비디아가 CES 2025에서 발표한 로봇 개발 플랫폼 COSMOS에서는 수많은 로봇 기업이 협력에 나섰다. 미국의 앱트로닉^{Apptronik}이나 중국의 유비테크 등이 구글, 바이두 등 AI 빅테크와 협력하는 것도 같은 맥락이다. AI-하드웨어 융합 생태계를 구축하려는 글로벌 움직임 속에서 한국도 본격적으로 발걸음을 맞추기 시작한 셈이다.

② 휴머노이드 핵심 기술 개발

로봇 제조사와 부품사들은 글로벌 수준의 휴머노이드 하드웨어 개발에 집중한다. 구체적인 목표는 2028년까지 무게 60kg 이하, 사람 수준의 움직임을 보여주는 자유도 50 이상, 로봇이 들 수 있는 최대 하중인 페이로드는 20kg 이상, 이동 속도는 2.5m/s 이상인 로봇을 생산한다는 것이다.

이와 함께 정교한 물체 조작이 가능한 힘·토크 센서, 손 감각을 구현하는 촉각 센서, 가벼우면서 유연한 액추에이터 등 핵심 부품 개발도 병행한다. 휴머노이드의 신체를 구성하는 이러한 요소들은 국산 기술 자립의 중요한 기반이다.

③ AI 반도체와 모빌리티용 배터리 개발

휴머노이드가 인간 같은 동작을 구현하려면 고성능 연산이 필요하다. 동시에 제한된 공간과 전력으로 구동돼야 한다. 따라서 고성능·저전력 온디바이스용 AI 반도체와 고밀도·장수명·고안전 배터리가 필요하다.

해외에서도 TSMC가 테슬라와 휴머노이드용 반도체 협력을 논의하고, CATL이 전용 배터리 개발 계획을 발표하는 등 움직임이 활발하다. 한국에서도 리벨리온, DEEPX 같은 AI 반도체 기업과 SK온, LG에너지솔루션, 삼성SDI까지 배터리 3사가 개발을 맡아 로봇 기업들과 공동 기술 개발을 진행한다.

④ 스타트업과 인력 양성

중국발 AI '딥시크 쇼크'의 주역이 20~30대 젊은 인재들이었던 것처럼, 우수한 인력은 휴머노이드 산업 발전에서 중요한 역할을 한다. 산업부는 유망한 연구소와 스타트업을 발굴해 얼라이언스에 편입하고 휴머노이드 펀드를 통해 창업과 연구 개발을 지원할 계획이다. 또한 서울대, KAIST를 비롯해 주요 20개 대학을 얼라이언스에 참여시켜 학부생들이 주요 프로젝트에 직·간접적으로 참여하는 산학 연계형 교육 프로그램을 확대하고 있다.

⑤ 공급-수요 기업 간 협력 강화

휴머노이드 기업에게는 실제 로봇이 사용되는 생산 현장에서 나오는 학습 데이터와 실증 환경이 필요하다. 수요 기업은 생산성 향상, 비용 절감, 안전 강화를 위해 휴머노이드 도입을 검토하고 있다.

얼라이언스는 이러한 수요와 공급을 서로 잇기 위해 주기적으로 기술 세미나와 쇼케이스, 경진대회 등을 개최해 수요 기업이 로봇 기업의 기술 수준을 직접 확인하고, 로봇 기업은 실제 산업 현장에 적합한 기술을 살펴볼 수 있도록 지원할 계획이다.

'한국형 협력 모델'의 차별점

휴머노이드 M.AX 얼라이언스의 독특한 점은 경쟁과 협력이 공존한다는 것이다. 각 기업은 자사만의 휴머노이드 개발과 고객 확보에서는 분명한 경쟁 관계에 있지만, AI 기술 개발이나 부품 표준화 같은 공통 과제에서는 협력자가 된다.

상징적인 사례로 레인보우로보틱스, 에이로봇, 홀리데이로보틱스, 로보티즈, 로브로스 등 5개 기업이 자사 휴머노이드를 서울대학교 AI 연구원에 제공하기로 협의한 사례가 있다. 기술 유출 같은 우려에도 불구하고 한국 로봇 산업 전체의 발전을 위해 공동 연구 기반을 공유하기로 한 것이다.

이러한 협력 구조의 배경에는 정부의 전략적 조정 역할도 크게 작용했다. 산업통상자원부는 2025년 로봇 분야에 예산 2,000억 원을 편성하면서 특정 기업에 집중 투자하기보다는 얼라이언스 내 2개 이상의 기업이 공동 추진하는 프로젝트를 우선 지원하기로 했다. 여러 기업이 함께 성장할 수 있도록 생태계 전체의 성장을 중시하는 방향으로 정책 기조를 전환한 것이다.

또한 기업들이 공동으로 활용할 수 있는 인프라 구축에도 속도를 내고 있다. 실제 산업 환경과 유사한 실증 공간, 영상 및 촉각 데이터를 기반으로 고도화한 가상 시뮬레이터, 그리고 한국형 로봇 운영 플랫폼인 '코스모스K-COSMOS'를 구축해 국내 기업들이 자유롭게 기술을 테스트하고 데이터를 공유할 수 있도록 지원하고 있다.

이러한 접근 방식은 해외와 뚜렷한 차이를 보인다. 미국은 거대 기술 기업 중심의 수직 통합 구조다. 중국은 정부 주도의 하향식 지시 체계에 가깝다. 반면 한국은 정부가 기반을 마련하되, 기업의 자율성과 창의성을 최대한 보장하며 경쟁과 협력이 균형을 이루는 산업 플랫폼 모델로 진화하고 있다.

로봇 강국을 만드는
한국의 기업들

휴머노이드 M.AX 얼라이언스의 잠재력은 다양한 분야에 속한 기업들이 만들어내는 시너지에서 나온다. 엄격한 심사를 거쳐 꾸준히 늘어나는 참여 기관은 저마다 독특한 배경과 전문성을 갖고 있다. 핵심 부품부터 로봇 제조, 시스템 통합, 서비스까지 이어지는 로봇 산업의 밸류 체인이 한자리에 모인 것이다.

대한민국 로봇 산업을 선도하는 주요 제조사들

엔젤로보틱스: 사람을 위한 로봇, 착용형 로봇 기술의 선두 주자

필자가 2017년에 스핀오프한 엔젤로보틱스는 국내 웨어러블 로봇 분야의 선도 기업이다. 사이배슬론 국제 대회에서 2020년·2024년 2연패를 달성하며 세계적인 기술력을 입증했다.

‘기술로 사람의 능력을 재창조한다’라는 비전으로 의료용 보행 훈련 로봇부터 산업 안전과 방위 산업을 위한 로봇까지 다양한 착용형 로봇 제품군을 보유하고 있다.

구동기, 센서, 제어기 등 핵심 부품을 대부분 내재화해 기술과 제품의 매트릭스 구조를 촘촘하게 구현한다. 최근에는 LIG넥스원과 협력해 국방 분야 진출을 준비하고 있다. 또한 글로벌 웨어러블 로봇 플랫폼 기업으로 도약할 길을 모색하는 중이다.

엔젤로보틱스의 로봇 하드웨어 개발 능력도 우수하지만, 휴머노이드 M.AX 얼라이언스에서는 데이터 분야에서 중요한 역할을 할 것이다. 피지컬 AI에서 가장 중요한 데이터는 로봇의 동작, 환경 또는 사물과 상호작용하는 힘이다. 여기서 힘은 측정하기 매우 까다로운 데이터인데, 엔젤로보틱스는 웨어러블 로봇이라는 특성상 힘을 포함해 사람에게서 나오는 각종 데이터를 취득하는 데 특화했다. 따라서 전문가 모방을 기반으로 하는 강화 학습에 필요한 데이터 확보에 유리한 조건을 갖췄다.

레인보우로보틱스: 한국 휴머노이드 기술의 출발점

2011년에 KAIST 기계공학과 휴보랩의 오준호 교수와 연구진이 직접 창업한 로봇 전문 기업이다. 2015년에 DARPA 로보틱스 챌린지에서 우승을 차지하며 한국 휴머노이드 기술의 우수성을 세계에 알렸다. 2023년에는 삼성전자가 지분 투자를 시작해 기술력과 자본력을 동시

⬅ **흘리지 않고 물을 따르는 RB-Y1**_RAINBOW ROBOTICS
➡ **국내 최초 휴머노이드 로봇 휴보**_RAINBOW ROBOTICS

에 확보했으며, 현재는 자회사로 편입했다.

시가총액은 국내 상장 로봇 기업 중 1위다. 국내 최초의 휴머노이드 로봇 휴보로 시작한 기술력을 바탕으로 협동 로봇, 사족 보행 로봇, 천문용 로봇까지 다양한 제품군을 개발했다. 이동형 양팔 로봇 RB-Y1은 연구·개발 플랫폼에 공개돼 주요 대학·연구 기관에 납품되고 있으며 2026년 양산이 목표다.

에이로봇: 보행 기술 기반의 실용형 휴머노이드

2019년에 한양대학교 한재권 교수 연구실에서 오랜 휴머노이드 연구 경험을 바탕으로 스핀오프한 기업이다. 한재권 교수는 UCLA 데니스 홍 교수와 함께 미국 최초의 성인형 휴머노이드 '찰리CHARLI'를 개발했으며, 국제 로보컵 축구 대회에서 다년간 우수한 성적을 거두며 기술력을 입증해왔다. 주요 역량은 로봇 축구 대회를 통해 축적한 동적 밸런스와 보행 기술이다. 포스코이앤씨, HD현대미포와 협력을 추진

로봇 축구 대회에서 강남스타일 춤을 선보이는 찰리_RoMeLa

하며 건설 현장과 조선소에 투입될 휴머노이드 개발에 나섰다.

홀리데이로보틱스: 비전 기반 로봇 기술 기업

AI 비전 검사 솔루션 기업 수아랩을 창업해 미국 기업 코그넥스Cognex
에 2억 달러(약 2,860억 원)로 매각한 송기영 대표가 2024년에 창업한
회사다. 설립 5개월 만에 175억 원에 달하는 투자를 유치하며 업계에
서 주목받았다. 수아랩에서 축적한 AI 비전 기술을 기반으로 복잡한
산업 환경에서 정밀한 시각 판단이 필요한 작업에 특화된 휴머노이드
개발을 목표로 한다.

원익로보틱스: 메타와의 글로벌 파트너십

반도체 장비 회사 원익홀딩스의 자회사로 설립돼 반도체 공정 내 물류 로봇을 주로 생산해왔다. 최근에는 메타와 함께 촉각 감지 로봇 팔을 개발 중이다. 반도체 제조 현장에서 축적한 정밀 제어 기술과 메타의 AI 기술을 결합해 촉각 피드백이 가능한 로봇 손 개발에 집중하고 있다. 휴머노이드의 정교한 물체 조작 능력을 향상하는 데 핵심 역할을 할 것으로 기대된다.

위로보틱스: 생활 밀착형 웨어러블 로봇 기업

김용재 한국기술교육대학교 교수, 삼성전자에서 다양한 로봇 개발 경험을 쌓은 이연백 대표가 2021년 공동 창업한 로봇 기업이다. 두 사람은 학계와 산업계에서 각기 쌓아온 경험을 바탕으로 기술 기반을 구축해왔다. 초경량 웨어러블 로봇 '윔WIM'으로 CES에서 2년 연속 혁신상을 받는 등 글로벌 무대에서 인지도를 높이고 있다.

블루로빈: 교육·연구용 범용 휴머노이드 플랫폼

서울대학교 동적 로봇 시스템 연구실 박재흥 교수가 스핀오프한 블루로빈은 DARPA 로보틱스 챌린지, ANA 아바타Avatar 등 여러 국제 대회에 참여하며 성과를 쌓았다. 현재 교육 및 연구용 휴머노이드 플랫폼을 개발하며, 모듈형 설계와 원격 제어 기능 적용도 함께 추진하고 있다. 2023년에는 자동 흉부 압박 장치 '라자로Lazaro'를 상용화했다.

초소형 보행 보조 웨어러블 로봇 윔_WIRobotics

로브로스: 서비스업 특화 휴머노이드 플랫폼

로봇 바리스타 카페를 직접 운영하는 로브로스는 카페, 호텔, 레스토랑 등 서비스 산업 현장 도입을 목표로 휴머노이드 로봇 플랫폼을 설계하고 있다. 로브로스는 휴머노이드 로봇 이그리스IGRIS를 개발한 뒤 서울 성수동에서 '베러댄유어스'라는 로봇 카페를 직접 운영하며 기술을 검증하고 개선하는 중이다. 이처럼 기술 개발과 동시에 실제 서비스업 현장에서 로봇을 활용한 비즈니스 모델을 구축해 고객 요구를 반영한 제품 개발에 나서고 있다.

뉴로메카: 중소기업 자동화의 동반자

박종훈 대표가 2013년 창업한 협동 로봇 전문 기업으로, 대표 제품인 인디INDY 시리즈를 통해 중소 제조 기업을 위한 자동화 솔루션을 제

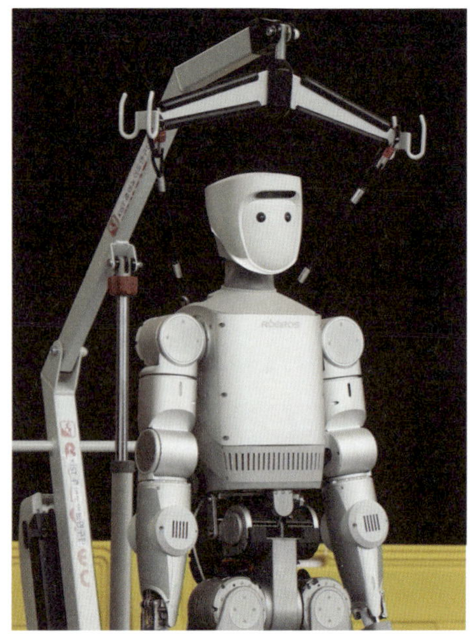

휴머노이드 이그리스_로브로스 공식 인스타그램

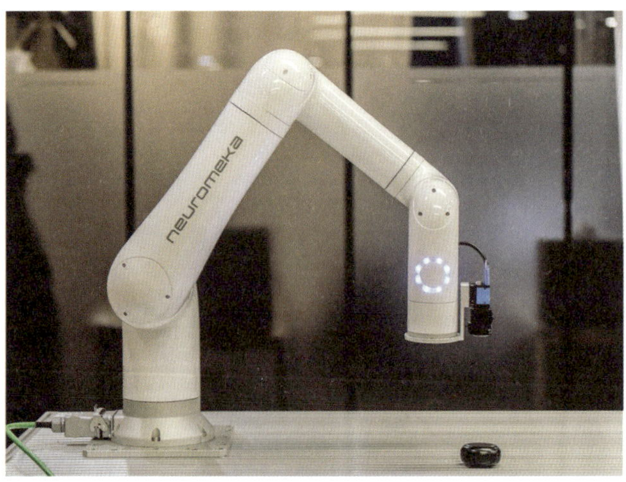

쉬지 않고 일하는 협동 로봇 인디_neuromeka

공하며 2022년 코스닥에 상장했다. 협동 로봇 분야에서 축적한 기술을 바탕으로 병원에서 자율주행하며 의료진의 작업을 보조하는 로봇 개발에 집중하고 있다.

두산로보틱스: 협동 로봇 분야의 글로벌 강자

글로벌 협동 로봇 시장에서 점유율 4위를 기록하는 로봇 기업이다. 최근 지능형 로봇 솔루션 출시와 AI·소프트웨어 R&D 조직 신설을 발표하며 기술 영역 확장에 나섰다. 여러 팔을 동시에 제어하는 멀티암 기술, 충돌 회피 기술, 로봇 스스로 작업 계획을 수립하는 기술 개발의 선두 주자다.

LG전자: 가전 대기업의 로봇 사업 진출

글로벌 가전 기업으로 잘 알려진 LG전자는 서빙·물류·안내 등 다양한 서비스 로봇을 제조·판매하며 로봇 사업에도 진출해 있다. 최근에는 로봇 기술을 중장기적 R&D 과제로 설정하고 본격적으로 투자를 확대하는 중이다. 또한 가전과 로봇의 융합을 통한 스마트 홈 생태계 구축을 목표로 적극적인 기술 검증에 나섰다.

HD현대로보틱스: 국내 산업용 로봇의 선두 주자

산업용 로봇 분야에서 국내 시장 점유율 1위를 기록하고 있다. 1984년 현대중공업 용접기술연구소에서 시작해 오랜 역사를 그려왔다. 용접 분야에 특화한 기술력을 바탕으로 해외 로봇 기업들과 협력해 조선업 자동화 기술 개발에 나섰다.

핵심 부품 및 기술 기업

배터리 3사: SK온, LG에너지솔루션, 삼성SDI

국내 배터리 3사 모두 얼라이언스에 참여했다. LG에너지솔루션과 삼성SDI는 글로벌 자동차 업체들과 다양한 배터리 협력을 진행한다. SK온도 차세대 배터리 기술 개발에 적극 투자하고 있다. 기존 전기차 배터리 기술을 바탕으로 로봇에 특화한 배터리 솔루션 개발이 목표다.

AI, 반도체: 딥엑스, 리벨리온, 테솔로, 씨메스, 아이언디바이스

딥엑스는 CES 2025에서 행사 주최 기관인 미국 소비자기술산업협회 선정 '반드시 방문해야 할 기업 Must-Visit Company'에 등재됐다. 온디바이스 NPU 칩 분야에서 엔비디아 제품 대비 전력 효율이 약 10배, 가격 대비 성능은 약 20배 우수한 제품을 발표했다. 리벨리온은 서버용 AI 반도체 기술을 바탕으로 온디바이스 AI 반도체 개발까지 영역을 넓히는 중이다.

테솔로는 비전 AI를 활용한 로봇 그리퍼 전문 스타트업으로, 물체를 인식하고 최적의 형태로 그리퍼를 변경하는 기술을 보유하고 있다.

씨메스는 AI 반도체 및 로봇 핵심 부품 분야에서 국산화와 생태계 조성에 앞장서는 중견기업이다. AI 칩 설계부터 배터리 소재, 로봇용 전자 부품까지 다룬다.

아이언디바이스는 휴머노이드용 전력 제어 반도체를 전문으로 개발하며, 국내 기술 자립도 강화에 기여하고 있다. 이들 기업은 로봇의 실시간 AI 처리 능력과 에너지 효율 향상에 기여할 것이다.

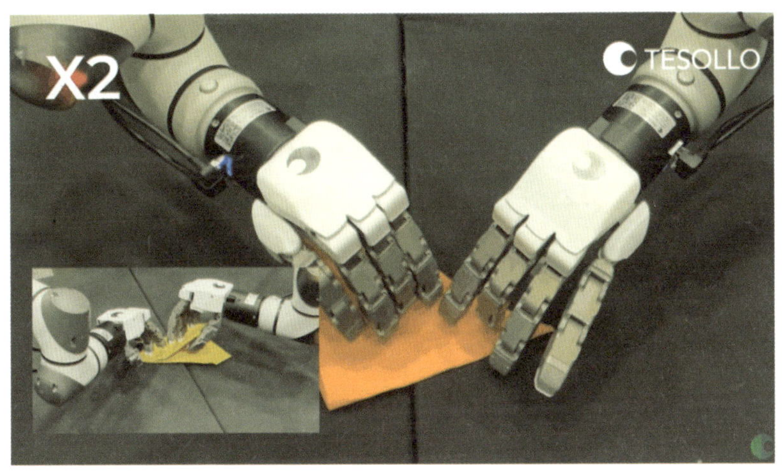

종이접기를 선보이는 로봇 그리퍼_테솔로 홍보 영상

정밀 부품: 로보티즈, 에이딘로보틱스, 패러데이다이나믹스, 코모텍, 에스비비테크, 케이알엠, 주식회사 윔

로보티즈는 로봇 관절용 액추에이터 전문 기업이다. DARPA 로보틱스 챌린지와 로보컵 등에서 기술력을 입증해왔으며 2018년 코스닥에 상장했다. 에이딘로보틱스는 성균관대학교 최혁렬 교수 연구실에서 스핀오프한 기업으로 힘·토크 센서 기반 로봇 손 기술을 보유하고 있다.

패러데이다이나믹스는 인천대학교 장한뜻 교수의 스핀오프 기업으로 정밀 모터 기술력을 인정받아 포스코와 삼성전자 프로그램에 선정됐다. 코모텍은 로봇 모터 전문 기업으로 다양한 전압과 용량의 모터 라인업을 보유하고 있다.

에스비비테크는 국내 최초로 하모닉 감속기를 개발하고 양산한 기업으로 2022년 코스닥에 상장했다. 케이알엠은 고토크 밀도 일체형 구동기^{Quasi-Direct Drive, QDD} 기술을 선도하는 기업이다. 핵심 지식 재산권을 다수 보유하고 글로벌 맞춤형 로봇 구동 솔루션을 공급하고 있다. 주식회사 윔은 로봇용 센서 시스템과 통신 모듈 개발에 집중하며, 산업용 자동화 장비에 필요한 부품 시스템화에 강점을 보인다.

시스템 통합 및 서비스: 상화, 나우로보틱스

상화는 로봇과 AI를 융합한 미디어 콘텐츠 제작과 산업 로봇 솔루션 개발에 집중하는 전문 기업이다. 휴머노이드 실용 솔루션과 로봇 통합 미디어 서비스, 현장 적용형 로봇 콘텐츠 개발을 주요 분야로 삼았다.

나우로보틱스는 로봇 자율주행 및 위치 인식 기술 개발을 전문으로 하며 AI 기반 물류 및 서비스 로봇 솔루션을 제공한다. 핵심 기술은 자율주행 로봇과 위치 인식, 물류용 로봇 시스템이다.

수요 기업들과 실증 계획: 제조·조선, 물류, 건설·인프라

휴머노이드 M.AX 얼라이언스에 참여한 수요 기업들은 한국 경제의 중추를 이루는 대표 기업들이다. 삼성디스플레이, LG전자, HD현대미포, 삼성중공업, CJ대한통운, 포스코홀딩스, 포스코이앤씨 등 7개 기업이 연합에 참여했으며, 얼라이언스 출범 3주 만에 상호 협력을 약속하는 MOU 4건을 체결하는 등 활발한 협력이 진행되고 있다.

제조·조선업

삼성디스플레이는 이미 공장에서 2만여 대에 달하는 산업용 로봇을 운용하고 있다. 따라서 정밀한 디스플레이 제조 공정에서 휴머노이드의 활용 가능성을 검증할 최적의 환경을 갖췄다.

LG전자는 냉장고·세탁기·에어컨 등 글로벌 가전제품 제조사로서 축적한 자동화 경험이 풍부하다. 이에 따라 사내 생산기술원을 중심으로 로봇과 AI를 결합한 공정 효율화와 자동화 기술 개발에 집중하고 있다.

HD현대미포조선은 자동화 장비와 로봇 등 AI와 정보통신기술을 융합한 스마트 생산 시스템을 적극 활용한다. 최근에는 에이로봇과 MOU를 체결하고 조선소에 투입될 휴머노이드 실증에 나섰다. 삼성중공업은 로봇 기반 자동 용접 시스템을 도입하고 로보틱스사업팀을 신설하는 등 조선 분야에서 로봇 활용 확대에 속도를 내고 있다.

물류업

CJ대한통운은 이미 오토스토어 시스템 등 물류 센터 전반에 자동화 도입을 확대하고 있다. 엔젤로보틱스와 '웨어러블 슈트'를 공동 개발하고 현장 테스트를 하는 등 다양한 로봇 기술 도입에 적극적이다. 또한 레인보우로보틱스와 물류 로봇 공동 개발 및 상용화를 위한 MOU를 체결하며 휴머노이드 M.AX 얼라이언스 참여 기업 간 수평적인 협력의 첫 사례를 만들었다.

포스코홀딩스는 포스코 그룹 내 2차전지, 철강 등 사업을 총괄하는 지주회사로서 생산 공정 내 AI 도입과 로봇 솔루션 연구를 적극적으로 수행한다.

포스코이앤씨는 제철소 플랜트, 발전소, 초고층 건축 등 다양한 인프라 현장을 보유한 종합건설회사다. 데이터 분석과 로봇 활용 등 스마트 건설 기술을 적극적으로 개발하고 있다. 최근에는 에이로봇과 협력을 추진해 MOU를 체결하고 건설 현장에 투입될 휴머노이드 개발에 나섰다.

이처럼 다양한 분야에서 수많은 기업이 모여 새로운 협력 생태계를 만들어가는 모습을 보면 한국 로봇 산업에 불어오는 변화의 바람을 느낀다. 하지만 협력체라는 그럴듯한 틀을 만드는 것과 실제로 눈에 보이는 성과를 내는 것은 별개의 문제다. 아무리 좋은 구조를 갖춰도 글로벌 시장에서 경쟁할 실질적인 기술력과 제품을 확보하지 못한다면 의미가 없다.

무엇보다 중요한 것은 기술 개발과 동시에 실제 활용처를 확보하는 일이다. 그러려면 얼라이언스에 참여하는 수요 기업들과 기술 기업들이 협력하는 양상이 단순한 MOU 수준을 넘어 실질적인 파트너십으로 발전해야 한다. 우리나라는 이미 정밀 제조업에서 축적한 노하우와 빠른 실행력, 그리고 현장에서 바로 써볼 수 있는 실용적 접근법이라는 강점을 갖췄다.

휴머노이드 MAX 얼라이언스가 단순한 기술 연구 모임이 아니라 실제로 현장에서 작동하는 로봇을 만들어내는 혁신의 플랫폼으로 단단히 자리 잡을 수 있을지, 그 결과는 이제부터 모두가 관심 있게 지켜봐야 한다.

PART 5

로봇 이후,
인간의 미래

왜 미래에는
로봇이 반드시 필요한가

우리는 기술 변화의 빠른 속도에 놀라움과 당혹감을 느끼곤 한다. 불과 몇 년 전만 해도 낯설었던 생성형 AI는 이미 일상에 파고들어 많은 부분을 바꿔놓았다. 다음 주자인 '로봇'은 디지털 영역에 머물던 기술을 현실 세계로 확장하며 우리의 일상과 산업 현장을 근본적으로 바꾸려 한다.

로봇의 미래를 이야기한다는 것은 곧 인간 사회의 방향을 묻는 일이다. 로봇이 어디까지 발전하고 우리 삶에 어떤 영향을 미칠지, 나아가 기술 발전을 넘어 인간이 추구하는 가치와 사회적 목표가 무엇인지 진지하게 고민해야 할 때다.

미래 사회에 벌어질 문제들을 해결하는 데 있어서 로봇 기술은 더 이상 보조 수단이 아니라 새로운 중심축이다. 고령화, 노동력 감소, 생산성 저하 같은 구조적 문제는 인간의 노력만으로 극복하기 어렵다. 이 문제들에 대응할 수 있는 현실적이고 지속 가능한 해법은 바로 로봇이다.

미래를 예측하는 일은 언제나 불확실하지만, 로봇이 '편리한 도구' 수준을 넘어서 21세기 기술 생태계의 핵심으로 자리 잡고 있다는 점만은 분명하다. 스마트폰이 모바일 혁명의 중심에 서서 수많은 산업과 생활 전반을 재편했듯이, 로봇 역시 우리 일상과 산업 전반에 근본적이고 지속적인 변화를 가져올 것이다.

디지털 세상과 물리적 세상을 잇는 가교 역할

로봇이 미래 기술이라 불리는 이유는 데이터의 성격이 바뀌고 있기 때문이다. 기존의 디지털 혁명이 주로 인터넷상의 텍스트나 이미지 데이터를 기반으로 진행됐다면, 로봇 기술은 일상과 산업 현장에서 얻을 수 있는 '현실 세계의 물리적 데이터'를 활용하는 새로운 시대를 여는 중이다.

예를 들어 로봇 청소기가 집안을 이동하며 기록하는 공간 및 환경 정보, 제조 로봇이 생산 현장에서 수집하는 공정 데이터, 웨어러블 로봇이 실시간으로 측정하는 사용자의 움직임이나 상태 같은 정보는 기존에 있던 텍스트나 음성, 영상 기반 디지털 데이터보다 훨씬 더 구체적이다.

특히 웨어러블 로봇이 수집하는 신체 움직임 데이터는 영상으로 파악하기 어려운 관절의 힘(토크)이나 근력 강도, 보행 시 미세한 패턴 변화까지 정밀하게 감지할 수 있어 활용 범위가 훨씬 넓다.

이처럼 로봇이 작업을 수행하는 과정에서 자연스럽게 수집하는 데이터는 완전히 새로운 산업과 서비스 분야를 만들어내고 있다. 제조 분야에서는 로봇이 제공하는 실시간 데이터를 바탕으로 품질과 생산성을 높이고, 의료 분야에서는 환자의 상태를 정밀하게 모니터링해 맞춤형 재활 프로그램을 제공한다.

산업 현장에서 공간을 효율적으로 활용하거나 수요를 예측하고 장비를 유지 보수하는 데도 데이터가 쓰인다. 나아가 이러한 데이터는 우리 삶과 일을 한 차원 끌어올린다. 실제로 로봇 기술이 창출하는 데이터 기반 서비스 시장이 급격히 성장 중이다.

향후 로봇 기술이 더욱 발전하고 보편화되면 인간은 반복적이고 위험한 업무에서 벗어나 더욱 창의적이고 전문적인 업무에 집중하는 환경이 조성될 것이다.

로봇은 산업계에서 나아가 사회적 측면에서도 새로운 변화를 이끌고 있다. 장애인이나 고령자처럼 신체적 한계가 있는 사람들에게 있어 웨어러블 로봇과 돌봄 로봇은 일상의 영역을 확장하고 자립과 사회적 참여 기회를 늘려주는 실질적인 동반자다.

지금은 의료 기관을 중심으로 로봇 기술을 활용하고 있지만, 머지않은 미래에는 가정과 공공 공간에서도 로봇이 사용자의 생활을 한층 편리하게 만드는 생활 기술로 자리 잡을 것이다. 이처럼 로봇은 산업의 효율성을 넘어 인간의 삶 자체를 다시 설계하고 있다.

현재 우리가 디지털 세상의 정보와 지식을 경험하는 데 활용하는 감각은 시각과 청각이 대부분이다. 여기에 물리적인 경험을 가능케 하는 로봇 기술을 더하면 완전히 새로운 차원의 상호작용이 펼쳐진다.

예컨대 가상 현실 Virtual Reality, VR이나 증강 현실 Augmented Reality, AR 환경에서 햅틱 기술을 활용해 물체를 실제로 만지는 듯한 촉각 피드백을 얻거나, 웨어러블 로봇이 사용자의 움직임과 근력을 정밀하게 감지해 메타버스 속 아바타에 실시간으로 반영하는 장면을 떠올려보면 좋다.

디지털 공간의 경험은 더 이상 '화면 너머'에 머물지 않고, 인간의 몸을 통해 현실감 있게 이어진다. 이 순간이 바로 로봇 기술이 열어갈 다음 장이다.

더 나아가 가상 공간에서 AI가 설계하는 정밀한 3D 모델을 로봇이 현실에서 직접 구현하는 디지털 제조 Digital Manufacturing 기술도 빠르게 발전하고 있다. 이는 가상 환경에서 디자인한 부품이나 예술 작품, 건축물 모형을 로봇이 정교하게 출력하거나 조립해 현실에 구현하는 기술이다. 과거에는 아이디어가 현실로 구현되기까지 긴 시간이 필요했지만 이제는 디지털 설계와 물리적인 제작이 실시간으로 연결되는 시대가 열린다.

최근에는 의료 현장에서 원격으로 수술을 집도하거나, 사람이 접근하기 어려운 재난 현장에서 사람 대신 위험 지역을 탐사하는 등 디지털과 현실 세상을 연결하는 통로로서 로봇의 역할이 확대되고 있다.

이처럼 로봇은 측정 장비나 진단 장비를 넘어 메타버스 세상에 접근하기 위한 '입력 장치'로도 활용될 가능성이 크다. 로봇이 디지털 세상과 현실 세상을 물리적으로 연결하는 통로가 되고, 인간의 손이 닿지 않는 영역까지 확장하는 새로운 매개체가 될 것이다.

로봇 생태계의 발전은 우리 생활 환경과 산업 구조, 사회적 관계를 더 풍요롭고 지속 가능한 방향으로 바꾸는 중이다. 로봇 기술이 만들어내는 파급 효과는 앞으로 삶의 모든 영역에서 더욱 깊고 넓게 확산할 전망이다.

국가의 운명을 결정할 전략 기술로서의 로봇

미래 기술로 주목받는 로봇 산업은 세계 각국이 '기술 주권'을 지키기 위해 겨루는 치열한 경쟁의 무대다. 로봇은 이제 AI, 반도체와 함께 국가 차원에서 전략적으로 관리하고 육성해야 할 미래 핵심 분야로 자리 잡았다.

세계 주요국들은 로봇이 미래 경쟁력 확보를 위한 필수 요소라 판단하고 투자와 정책 지원을 확대하는 중이다. 로봇이 경제적 경쟁력뿐만 아니라 국가 안보와 기술 주권으로도 직결되기 때문이다.

앞서 소개했듯이 글로벌 산업용 로봇 분야에서는 제조 로봇 3강이라 불리는 에이비비, 쿠카, 화낙이 전체 비중에서 57%를 점유하며 시장을 장악했다. 이 가운데 독일의 쿠카는 2016년에 중국 기업이 인수했다. 여기서 로봇 기술이 국가 간 기술 패권 경쟁의 상징적인 자산임을 엿볼 수 있다. 핵심 로봇 기술을 외국 기업에 넘겨준다는 것은 곧 제조업의 주권을 내어주는 일이기 때문이다.

중국은 2015년에 '중국 제조 2025'를 통해 제조업 활성화를 선포하고 로봇 산업을 국가 전략 사업으로 삼아 적극 지원했다. 미국도 '고도 자동화·자율·무인 시스템'을 목표로 로봇을 핵심 신흥 기술로 지정해 집중 육성하고 있다.[50] 기술 패권 경쟁에서 뒤처지면 그 파급력은 경제적인 손실에 그치지 않는다. 모든 국가가 이 사실을 알고 있다. 일본 후쿠시마 원전 사고 당시에는 원전에 투입된 로봇이 제대로 작동하지 못한 탓에 기술 패권이 일본에서 미국으로 넘어갔다. 각국은 이 사건을 기억하는 것이다.

우크라이나 전쟁에서 드론과 로봇이 전쟁의 양상을 바꾼 사례 역시 로봇 기술 자립 여부가 국가 안보와 직결된다는 사실을 명확히 보여준다. 로봇 기술의 수준이 곧 국가의 위기 대응력과 미래 대응 능력을 결정하는 시대다.

우리나라도 이러한 움직임에 발맞춰 적극적인 대응에 나섰다. 정부는 2024년 휴머노이드 로봇을 국가 첨단 전략 기술로 지정했고,[51] 2025년 4월 'K-휴머노이드 연합(현 휴머노이드 M.AX 얼라이언스)'을 공식 출범시켰다.[52] 로봇 기술이 단순히 경제적 이익을 위한 기술 개발을 넘어서 재난 대응과 국방 그리고 사회 안전망 강화를 위한 핵심 기술로 떠오른 것이다.

결국 로봇 기술에 대한 투자는 더 이상 선택 사항이 아니다. 로봇은 개별 기업이나 산업의 영역을 넘어 국가 차원에서 전략적으로 관리해야 할 중요한 기술이다. 국가 경쟁력 강화와 기술적 자립 그리고 주권 수호를 위해서는 장기적이고 체계적인 정책 지원이 꾸준히 이뤄져야 한다.

로봇과 함께 만들어갈 세상을 꿈꾸다

전 세계가 동시에 직면한 거대한 도전이 있다. 급속한 인구 고령화로 인한 생산 가능 인구 감소, 기후 변화 대응의 시급성, 그리고 팬데믹이 드러낸 공급망의 취약성이다. 이 세 가지 문제 앞에서 각국 정부와 기업들이 찾은 공통 해답은 바로 '로봇'이다.

초고령 사회에 진입한 우리나라 입장에서, 이미 비슷한 과정을 경험한 독일의 사례는 시사하는 바가 크다. 독일은 제조업 현장에서 심각한 인력 부족을 겪고 있다.[53] 그러나 로봇을 적극 도입한 기업들은 오히려 생산성이 크게 향상됐다.

독일 기업 500곳을 대상으로 한 조사에 따르면 응답 기업 중 46%가 협동 로봇을 활용하며, 숙련 기술자 한 명이 협동 로봇 여러 대와 협력하며 과거보다 훨씬 많은 성과를 냈다.[54] 로봇이 인간의 노동을 대신하는 것이 아니라, 인간을 도와 능력을 확장한 결과다.

이런 변화는 제조업 자동화에만 국한되지 않는다. 로봇이 다른 기술들과 융합하며 만들어내는 시너지는 산업에 새로운 가능성을 열어준다. 자동차 회사가 자율주행을 위해 로봇 기술을 연구하고, 통신 회사가 로봇 제어를 위한 네트워크를 구축하며, 소프트웨어 회사가 로봇용 AI를 개발하는 과정에서 산업 간의 경계가 희미해진다. 로봇이 기술 융합의 중심에서 새로운 경제 생태계를 형성하는 것이다.

로봇의 역할은 농업과 에너지 산업에서도 커지고 있다. 전통적인 방식만으로는 뾰족한 개선책을 찾기 어려워진 현재 상황에서, 미국과 유럽의 대규모 농장에서는 자율주행 트랙터와 무인 항공기 등 로봇을 활용하는 정밀 농업이 이미 폭넓게 이뤄지고 있다. 국내에서도 스마트 팜 등 실증 단지를 구축하며 안정적인 식량 생산 가능성을 검증하는 중이다.

로봇 기술은 재생 에너지 분야에서도 활용된다. 드론이 날아가 높이만 수십 미터에 달하는 풍력 터빈 블레이드를 점검하거나 수리한다. 사막 한가운데에서 태양광 패널을 청소하는 로봇도 있다.

로봇은 이처럼 사람이 접근하기 어렵거나 위험한 환경에서 재생에너지 산업의 안전성과 효율성을 높이는 새로운 일꾼으로 자리 잡았다. 국제에너지기구International Energy Agency, IEA와 세계경제포럼은 이런 로봇 자동화가 비용 절감과 안전성 향상, 유지 보수 효율화에 크게 기여한다고 평가한다.

갑자기 찾아온 코로나19 팬데믹은 이 모든 흐름에 가속도를 붙였다. 공급망이 붕괴하던 시기, 로봇 기반 시스템을 갖춘 기업들은 혼란 속에서도 안정적인 품질을 유지하며 시스템을 빠르게 복구했다. 로봇이 단순한 자동화 수단을 넘어 위기 속에서도 흔들리지 않는 버팀목이 된 것이다.

이제 로봇은 선택이 아닌 필수다. 인구 구조 변화, 환경 문제, 공급망 안정성 등 현대 사회가 직면한 근본적인 과제들 앞에서, 로봇 기술을 통해 지속 가능한 해법을 찾을 수 있다. 여기서 중요한 점은 로봇과 인간이 대립하지 않고 각자의 강점을 이해하며 협력하는 미래를 만들어가는 것이다.

로봇이 인간을 대체하는 세상이 아니라, 인간의 가능성을 확장하며 더 나은 미래를 만들어가는 세상. 이제 우리에게 남은 질문은 '로봇이 필요한가?'가 아니라 '어떤 로봇을 만들고, 어떻게 활용할 것인가?'다. 이 질문의 답을 찾아가는 과정이 바로 로봇과 함께 써 내려가는 인류의 다음 장이 될 것이다.

이제 환상이 아닌
현실의 로봇을 마주할 때

일론 머스크는 '옵티머스'를 어디까지 발전시킬까?

테슬라의 일론 머스크가 공개한 휴머노이드 로봇 '옵티머스'는 사람들의 상상력을 자극했다. '이제 영화 〈아이, 로봇 I, Robot〉에 등장한 써니 같은 로봇이 나오는 건가?'하며 설렌 사람들이 있는가 하면, '이번에도 보여주기식에 불과하지 않은가?' 하며 냉소적인 반응을 보이는 경우도 있었다. 이처럼 같은 기술을 보고도 반응이 엇갈리는 이유는, 로봇이라는 존재가 인간의 오랜 상상과 욕망이 투영된 대상이기 때문이다.

로봇은 인간의 모습을 닮은 기계로 등장하면서부터 줄곧 감정과 윤리, 노동과 자유라는 철학적 질문을 던졌다. 그래서인지 사람들은 로봇을 이야기할 때 성능이나 가격 같은 숫자보다는 과연 우리 인간과 친구가 될 수 있을지, 아니면 인간을 위협하는 무서운 경쟁자일지를 먼저 가늠해보곤 한다. 로봇은 기술인 동시에 판타지고, 현실인 동시에 이상이다.

이러한 이중적인 성격은 로봇 산업을 바라보는 시선에서도 그대로 드러난다. 영화와 소설에서 그려지는 로봇은 여전히 강력한 영향력을 발휘하며 사람들의 기대를 높이지만, 현실에서 마주하는 로봇들은 아직 상상에 미치지 못하는 경우가 많다. 최근에 기술이 눈부시게 발전해 SNS를 통해서 보는 로봇의 동작은 영화인지 실제인지 헷갈리는 수준에 이르렀지만, 막상 직접 보면 여전히 어딘가 어색한 동작, 제한된 활용성, 비싼 가격 같은 문제가 있어 로봇이 '과대 평가된 기술'이 아닌가 하는 의심을 낳기도 한다.

이러한 양면성은 실제 산업에서도 나타난다. 기술의 진보는 빠르지만 대중이 기대하는 '로봇'과 현실에서 상용화되는 로봇 사이의 거리는 여전히 멀다. 이 괴리는 종종 로봇 산업에 과도한 기대와 부담을 안겼고, 성급한 상용화로 이어져 실패한 사례도 많다.

그럼에도 '판타지로서의 로봇'과 '제품으로서의 로봇'은 배타적인 관계가 아니라 오히려 서로를 자극하며 공존한다. 대중의 상상력은 연구 개발의 원동력이 됐고, 기술 발전은 다시 새로운 상상의 장을 열었다. 이제는 로봇을 환상으로만 바라볼 것이 아니라 현실에서 만나는 실질적인 '도구'로 이해해야 한다.

로봇 산업을 제대로 이해하려면 먼저 이 두 영역이 어떻게 균형을 이루며 발전해왔는지, 그리고 로봇을 둘러싼 흔한 오해는 무엇이었는지 살펴봐야 한다. 이를 통해 로봇 산업의 진정한 현주소를 알고 앞으로 나아갈 방향을 명확히 정할 수 있다.

판타지로서의 로봇 VS 제품으로서의 로봇

로봇 산업을 이해할 때 가장 먼저 염두에 두어야 할 점은, 로봇이 기술적인 대상인 동시에 인간의 상상력을 자극하는 특별한 존재라는 점이다. 일반적으로 컴퓨터나 가전제품을 고를 때는 사양과 가성비를 따지지만 로봇 앞에서는 이야기가 달라진다. 사람들은 로봇의 성능보다는 친근감이나 신뢰감 같은 감정적인 요소를 더 중요하게 여기는 경우가 많다. 이처럼 로봇이 다른 기술과 구별되는 이유는 그 탄생의 뿌리가 인간의 상상력이었기 때문이다.

로봇은 애초에 인간의 상상 속에서 태어났다. 20세기 초 문학에서 시작한 개념이 영화와 만화, 소설을 거치며 발전했다. 로봇은 친구이자 경쟁자, 때로는 위협적인 존재로 묘사됐다. 이런 문화적 상상력은 단순한 오락의 산물이 아니라 실제로 로봇 기술의 발전을 이끄는 강력한 힘이었다. 결국 판타지에서 그려지는 로봇의 모습은 산업에 있어 선택 사항이 아닌 필수적인 출발점이었다.

문화적 상상력의 영향은 각 나라의 로봇 개발 방향에서도 분명하게 드러난다. 일본에서는 로봇을 인간의 동반자로 여기지만, 서구권에서는 통제해야 할 도구로 바라본다. 이처럼 상반되는 관점 역시 문화적 세계관의 차이에서 비롯된다. 로봇은 기술이 되기 이전에 문화의 산물이었고, 판타지라는 토대가 없었다면 오늘날의 로봇 산업은 존재하지 못했을 것이다.

그러나 판타지만으로는 산업이 성립하지 않는다. 상상력이 방향을 제시한다면, 그 길을 현실로 이어주는 것은 결국 '기술'이라는 영역이다. 로봇 구현에 있어 기술적인 현실 역시 판타지만큼이나 필수 불가결한 요소다. 아무리 멋진 구상이 있어도 현실에 구현할 기술력이 뒷받침되지 않으면 로봇은 영원히 소설 속에 머물 수밖에 없다.

흥미로운 것은 이 두 영역의 상호작용이다. 판타지와 기술은 대립하지 않으며, 서로를 필요로 하는 공생 관계다. 대중문화 속 로봇은 공학자들에게 도전 과제를 던지고, 새로운 기술적 성취는 다시 문화적인 상상력의 원천이 된다.

결국 로봇 산업의 미래는 이 두 영역 사이의 건전한 공존과 균형에 달렸다. 판타지는 방향성과 영감을 제공하고, 기술은 그 꿈을 현실로 구현한다. 이런 꿈과 상상력이 바로 로봇 산업의 핵심 요소이자, 로봇이 다른 자동화 기술과 차별화되는 이유다.

꿈을 잃지 않으면서도 현실을 직시하고, 상상력을 기술로 구체화하되 기대의 무게를 조절하는 것. 이런 미묘한 균형이야말로 로봇 산업의 미래를 결정짓는 힘이다. 판타지와 기술, 이 두 축은 결코 대립하지 않는다. 두 축이 함께 어우러질 때 로봇은 비로소 인간의 꿈과 현실을 품고 더 큰 힘을 발휘한다.

로봇 산업에 대한 흔한 오해

　로봇이라는 이름을 들을 때 떠오르는 이미지는 사람마다 제각각이다. 터미네이터의 차가운 금속 골격을 떠올리는 이도 있고, 집 안을 조용히 돌아다니는 청소 로봇을 생각하는 이도 있다. 이처럼 다양한 상상 속에는 종종 현실과 동떨어진 오해가 자리 잡는다. 로봇 기술이 우리 삶에 서서히 스며드는 지금, 이런 오해들을 하나씩 짚어보는 일은 로봇과 함께할 미래를 준비하는 출발점이다.

　사람들이 로봇에 대해 느끼는 감정은 복잡하다. 한편으로는 위험하고 반복적인 일을 대신해줄 존재라는 기대가 있고, 다른 한편으로는 결국 인간의 영역을 잠식할지도 모른다는 두려움이 공존한다. 이런 양면적인 시각은 어쩌면 자연스럽다. 인류는 새로운 기술이 등장할 때마다 비슷한 고민을 반복해왔기 때문이다.

　로봇이 제조업 현장에 뛰어드는 모습을 보면 일자리에 대한 우려에도 합당한 근거가 있다. 과거에 사람이 직접 손으로 하던 여러 작업을 이제 로봇이 더 빠르고 정확하게 처리한다. 하지만 반대로 로봇 시스템을 관리하고 운영하는 새로운 일자리도 등장한다. 로봇 관련 서비스업도 확장되는 중이다. 중소기업도 로봇 기술에 접근하기가 쉬워지면서 관련 인력 수요가 늘어나고 있다.

　결국 로봇이 만들어낼 변화는 '대체'나 '보완'이라는 이분법만으로 바라보기는 어렵다. 변화의 영향은 우리가 예상하는 것보다 훨씬 복잡하고 미묘한 형태로 나타날 가능성이 크다. 중요한 점은 이런 변화를 피하는 것이 아니라, 어떻게 적용하고 대비할 것인지 논의하고 준비하는 것이다.

또 하나 흔한 오해는 로봇 기술이 특별한 사람들만의 영역이라는 생각이다. 물론 초기 산업용 로봇들은 대규모 투자가 가능한 대기업만 도입할 수 있었고, 복잡한 설치와 운영 과정 때문에 전문 인력이 필요했다. 하지만 최근에는 상황이 많이 달라졌다. 협동 로봇은 설치와 프로그래밍이 간단해져서 중소기업에서도 충분히 활용할 수 있다. 복잡한 코딩 대신 직관적인 인터페이스로 누구나 쉽게 로봇을 조작한다. 최근에는 임대형 로봇 서비스가 늘어나면서 초기 투자 부담도 크게 줄었다.

가정에서는 이미 '3대 가전 이모님'이라 할 만큼 로봇 청소기가 보편화됐다. 가격대도 비교적 저렴한 수십만 원대부터 시작한다. 웨어러블 로봇 분야에서도 재활 목적을 넘어 작업 보조나 근력 증강을 위한 상용 제품이 늘어나고 있다.

물론 전반적으로는 아직 고가인 첨단 로봇이 많다. 특히 의료용이나 고성능 로봇은 여전히 전문 영역에 머물러 누구나 쉽게 접근할 수는 없다. 하지만 기술 대부분이 그렇듯이, 시간이 지나면서 비용은 싸지고 성능은 개선되는 방향으로 발전할 것이다. 스마트폰의 대중화 과정을 떠올려보면 로봇 기술도 비슷한 길을 걸을 가능성이 크다.

로봇의 안전성에 대한 우려도 흔한 오해 가운데 하나다. 이는 상당 부분 SF 영화의 영향인 것 같다. 로봇이 인간을 지배하거나 해치려 한다는 극적인 설정이 워낙 강렬해서 현실의 로봇까지 비슷한 시선으로 바라보는 것일지 모른다. 실제 로봇 개발 과정에서는 안전성이 가장 중요한 고려 사항 중 하나다.

특히 사람과 함께 일하는 협동 로봇의 경우 예기치 못한 접촉이 발생했을 때 즉시 멈추도록 설계하고, 힘의 세기 역시 인체에 무해한 수준으로 제한한다. 자율주행 기술 역시 수많은 안전 시스템과 함께 개발된다. 로봇 윤리나 안전 기준에 대한 논의도 활발하다. 제도적 장치 마련도 본격화되고 있다.

물론 그렇다고 해서 로봇 기술이 100% 안전하다고 단언할 수는 없다. 어떤 기술이든 오용되거나 악용될 가능성이 있다. 예상치 못한 오류가 일어날 수도 있다. 중요한 것은 이러한 위험을 인식하고 기술적·제도적 안전장치를 발전시키려는 노력이다.

로봇을 둘러싼 많은 오해를 살펴보면 대부분 극단적인 시선에서 비롯된다는 점을 알 수 있다. 로봇을 만능 해결사 또는 위험천만한 존재로 바라보는 양극단 사이에서, 현실은 훨씬 복잡하고 미묘하다. 로봇은 만능도 아니고 마냥 위험하지도 않은, 그저 점진적으로 발전하는 기술일 뿐이다. 우리에게 필요한 것은 과도한 기대나 막연한 두려움이 아니라 로봇 기술의 현재 모습을 있는 그대로 이해하고 받아들이는 균형 잡힌 시각이다.

생각하고 행동하는 로봇과 함께 사는 법

"로봇이 지능을 가지면 어떤 일이 벌어질까?" 이 질문은 현실 세계의 중요한 화두다. 이제 로봇 시대는 본격적인 전환점을 맞이하는 중이다. 로봇은 더 이상 정해진 작업만 반복하는 기계가 아니다.

AI, 빅데이터, 센서 기술의 발전으로 환경을 인식하고 상황을 판단하며 스스로 학습하는 지능형 로봇으로 진화하고 있다. 이러한 변화는 제조업의 경계를 넘어 서비스, 의료, 교육 등 다양한 분야로 뻗어간다. 로봇은 인간의 능력을 보완하고 확장하는 새로운 산업으로 자리 잡고 있다.

지능형 로봇 산업은 태동 단계에 접어들었다. 상상을 현실로 옮기는 기술들이 등장하면서 산업의 외연이 빠르게 확장하고 있다. 그러나 화려한 전망 뒤에는 아직 풀지 못한 수많은 과제가 숨어 있다.

앞서 Part 3에서는 세계의 다양한 기업이 AI와 로봇을 결합해 어떤 사업을 펼치고 있는지 살펴봤다. 이를 통해 플랫폼과 생태계 중심으로 저변을 넓혀가는 로봇 산업의 현주소를 확인했다. 앞으로는 어떨까? 지능형 로봇 산업의 미래를 통해 우리 삶에 불어올 변화의 모습을 더 선명히 들여다보자.

AI를 장착한 로봇의 출현

지금 우리는 두 가지 기술 혁명이 만나는 순간을 목격하고 있다. 하나는 AI의 급속한 발전이고, 다른 하나는 로봇 기술의 성숙이다. 이 두 기술이 결합하면서 만들어내는 시너지는 기술적인 진보를 넘어 인간 문명의 방향 자체를 바꾸고 있다.

AI는 지난 십여 년간 눈부신 발전을 이뤘다. 딥러닝 기술은 2012년 알렉스넷을 시작으로 컴퓨터 비전과 음성 인식, 자연어 처리 등 거의 모든 분야를 재편했다.

2017년에는 구글의 트랜스포머 구조가 언어 모델의 성능을 급격히 끌어올렸고, 2020년에는 GPT-3가 AI의 언어 이해 능력을 비약적으로 발전시켰다. 그리고 2022년 챗 GPT(GPT-3.5)의 등장은 AI가 도구를 넘어 인간과 자연스럽게 소통하는 단계로 진화했음을 전 세계에 선언했다.

한편 로봇 기술 역시 빠르게 발전했다. 보스턴 다이내믹스의 아틀라스는 인간과 유사한 운동 능력을 보여줬다. 테슬라의 옵티머스는 집

안일을 돕는 모습을 보여주며 휴머노이드 로봇의 현실화를 예고했다. 제조업 현장에서는 수많은 협동 로봇이 인간과 나란히 일하는 새로운 풍경을 만들어내고 있다.

진정한 변화는 AI와 로봇이 만나면서 시작됐다. 이 두 기술은 각자의 한계를 상호 보완하면서 완전히 새로운 가능성을 여는 중이다. AI는 뛰어난 인지 능력과 판단력을 갖췄지만 물리적인 세계와 직접 상호작용할 수 없었다. 로봇은 물리적인 행동은 가능하지만 복잡한 상황을 이해하고 판단하는 능력이 부족했다. AI와 로봇의 결합을 통해 탄생한 것이 바로 '체화된 지능Embodied Intelligence', 즉 실제 환경에서 몸을 갖고 학습하며 진화하는 새로운 지능이다.

과거의 로봇이 미리 프로그래밍한 작업을 반복하는 자동화 기계였다면, AI가 탑재된 로봇은 스스로 주변 상황을 인식하고 학습하며 임의로 판단하는 지능형 에이전트로 진화 중이다.

이제 로봇은 이전과 완전히 다른 존재가 돼가고 있다. AI의 학습 능력을 바탕으로 경험을 축적하고 언어를 이해하며 인간의 의도에 맞춰 행동할 수 있게 된 것이다. 이는 기술의 진보를 넘어 로봇이라는 존재의 성격 자체가 바뀌고 있음을 뜻한다.

인간의 진정한 파트너가 돼가는 AI 로봇

모든 변화는 결국 산업 전반의 패러다임 전환으로 나아간다. 산업혁명 이후 표준화와 대량 생산으로 이어진 옛 방식에서 벗어나, 개인 맞춤형 제품과 서비스가 기존의 대량 생산 수준으로 높은 효율성을 갖추는 새로운 시대가 열린다.

제조업에서는 대량 생산의 효율성과 개별 맞춤의 유연성을 겸비한 매스 커스터마이제이션 Mass Customization 이, 서비스업에서는 개인화된 케어가, 의료 분야에서는 데이터 기반 정밀 치료가 현실화하고 있다. 무엇보다 중요한 것은 이 모든 변화가 인간 중심적인 가치를 실현하는 방향으로 나아간다는 점이다.

AI 로봇은 단순히 일을 대신하는 존재가 아니라 인간의 능력을 확장하는 파트너로 진화하고 있다. 인간과 기계의 관계가 근본적으로 재정의되는 것이다. 이전에 기계는 인간이 조작하는 도구였고, 로봇은 인간의 명령을 받아 실행하는 수단이었다. 그러나 이제는 서로 학습하고 적응하는 협력 관계로 발전하고 있다.

로봇은 인간의 작업 패턴을 학습하고, 인간은 로봇의 특성과 한계를 이해하며 함께 일하는 방식으로 변화하는 중이다. 이러한 협력은 인간의 인지적·물리적인 한계를 보완하는 새로운 형태의 '인간 증강 Human Augmentation '으로 이어진다.

하지만 기술이 고도화될수록 새로운 질문이 생긴다. 아이작 아시모프가 로봇공학 3원칙에서 던진 윤리적인 고민이 이제 현실의 문제로 다가왔다. 로봇이 스스로 판단하는 능력을 갖춘 존재로 진화하면서, 인간과 로봇이 공존하기 위한 윤리적인 기준과 사회적인 합의가 더욱 중요해졌다.

자율적으로 판단하고 행동하는 AI 로봇이 예상치 못한 결과를 초래할 때 책임 소재를 어떻게 정할 것인지도 심도 있는 논의가 필요하다. AI의 판단 과정을 인간이 충분히 이해하고 신뢰할 수 있을지, 그리고 그 판단이 인간의 윤리적인 가치에 부합하는지에 관한 합의도 중요하다.

AI 로봇의 확산은 일자리뿐 아니라 인간이 수행하는 업무의 본질 자체를 바꿀 것이다. 이러한 변화에 대응해 AI 로봇과 함께 일하는 역량, AI와 협업하는 능력을 키우는 새로운 교육 및 훈련 체계도 필요하다.

결국 기술 발전은 첨단 기술 그 자체가 목적이 아니라 우리 삶의 질을 높이는 방향으로 나아가야 한다. 기술이 인간의 가치를 높이는 방향으로 쓰일 때, AI와 로봇의 결합은 희망적이고 긍정적인 미래로 이어질 것이다.

우리가 할 일은 기술을 무조건 수용하거나 거부하는 것이 아니라, 비판적인 사고로 기술의 발전 방향을 현명하게 이끄는 것이다. 우리가 지향해야 할 진정한 미래는 기술과 인간이 조화를 이루며 함께 발전하는 세상이다.

K-로봇 산업의
현실과 과제

우리나라 로봇 산업을 둘러싼 평가는 극명하게 엇갈린다. 세계 1위에 올라선 로봇 밀도와 글로벌 4위라는 시장 규모를 근거로 이미 로봇 강국이라 평가하는 사람이 있는가 하면, 핵심 부품 해외 의존도와 협소한 내수 시장 규모를 근거로 아직 갈 길이 멀다고 지적하는 목소리도 있다.

흥미롭게도 이러한 평가들은 모두 우리 로봇 산업의 현실을 정확하게 반영한다. 다시 말해 우리나라 로봇 산업은 뛰어난 성취와 분명한 한계가 공존하는 복합적인 상황에 놓여 있다.

우리나라는 반도체, 디스플레이, 배터리 등 주요 기술 분야에서 세계적인 경쟁력을 갖춘 제조 강국이다. 이런 기반은 로봇 산업 성장에도 중요한 발판이 됐다. 정밀 가공 기술, 센서 기술, IT 인프라에 이르기까지 로봇 기술을 구성하는 핵심 요소들을 폭넓게 보유하고 있다는 점에서 우리는 이미 세계 어느 나라와 견줘도 뒤처지지 않는 역량을 갖췄다.

다만 압축 성장을 겪은 우리는 짧은 시간에 놀라운 성과를 만들어내는 동시에, 그 과정에서 생기는 구조적인 취약점들을 안고 살아간다. 부품 생산 자립의 어려움, 시장 규모의 제약, 기술 인력의 불균형 같은 문제는 여전히 해결하지 못했다. 로봇 산업 역시 이러한 구조적인 한계를 고스란히 안고 있다.

문제는 시간이다. 로봇 산업을 둘러싼 글로벌 경쟁이 전례 없이 치열해지는 지금, 여유가 그리 많지 않다. 중국의 급속한 추격, 미국의 혁신적인 기술력, 일본과 독일의 견고한 기술 장벽까지 고려하면 현재 성과에 안주할 수 없다. 우리가 가진 강점을 극대화하고 약점을 보완하는 전략적인 선택을 내려야 한다. 지금 우리는 아주 중요한 기로에 서 있다. 앞으로 이어질 성장은 선택의 문제가 아니라 전략 설계와 실행의 문제가 됐다.

우리가 가진 무기와 약점

대한민국 로봇 산업을 종합적으로 진단해보면 우리는 아주 독특한 위치에 서 있다. 세계 어느 나라도 갖지 못한 강력한 제조업 DNA와 최고 수준의 연구 역량을 갖췄으면서도, 동시에 구조적인 취약점들을 안고 있는 복잡한 상황이다.

우리의 강점은 무엇보다도 통합적인 제조 역량이다. 반도체에서 디스플레이, 배터리에 이르기까지 첨단 제조업의 모든 영역에서 축적한 정밀 가공 기술과 품질관리 노하우는 로봇 산업에 그대로 적용할 수 있는 핵심 자산이다.

이 기술들은 개별 산업에 머물지 않고 서로 융합하며 시너지를 만들어낸다. 로봇이 바로 이런 융합 기술의 결정체이기 때문에, 우리의 제조업 경험은 다른 나라들이 쉽게 모방하기 어려운 경쟁 우위를 형성한다. 실제로 협동 로봇, 물류 로봇, 의료 로봇 등 다양한 영역에서 국내 기업들이 두각을 나타내며 대학과 정부 출연 연구 기관, 스타트업이 결합하는 생태계가 뿌리를 내리고 있다.

연구 인력의 양적·질적 수준 또한 강점으로 꼽을 수 있다. 한국과학기술원 KAIST, 광주과학기술원 GIST, 대구경북과학기술원 DGIST, 울산과학기술원 UNIST 등 4대 과학기술원을 중심으로 기계공학에서 AI까지 아우르는 융합적 사고가 가능한 인재들이 성장하고 있다.

또한 산학 협력이 활발하게 이뤄져 연구 성과가 비교적 빠르게 실제 산업 현장으로 이전되는 구조도 갖췄다. 기술 변화 속도가 빠른 로봇 산업에서는 이런 구조적 유연성이 큰 강점이다.

정부의 정책 지원도 점차 체계화되고 있다. 정부는 '제4차 지능형 로봇 기본계획(2024~2028)'을 비롯해 기초 연구 단계부터 상용화와 글로벌 진출까지 전주기적인 지원 체계를 마련하고 있다. 여러 지방 자치 단체도 로봇 산업 육성을 위한 정책을 경쟁적으로 도입하며 생태계 활성화에 기여한다.

특히 산·학·연 협력을 통해 실질적인 연구 성과를 산업 현장에 적용하고 경쟁력 있는 로봇 플랫폼 및 표준 구축을 목표로 하는 협력체들도 등장하면서, 로봇 산업의 발전 속도는 한층 더 빨라지는 추세다.

하지만 눈부신 성과만큼이나 냉정한 현실도 들여다봐야 한다. 우리나라 로봇 산업의 전체적인 성장 속도와 시장 파급력은 아직 기대에 미치지 못한다. 핵심 부품의 해외 의존도가 높아 기술 발전의 속도와 방향에 부담이 된다. 공급망 불안정 문제도 전체 산업에 연쇄적인 타격을 입힐 가능성이 있다.

또한 내수 시장 규모에 한계가 있고 초기 수요를 견인할 공공 조달이나 민간 테스트베드도 충분치 못해 기업들이 과감하게 연구 개발 투자를 추진하기 어렵다.

기업 간의 협업 생태계가 취약하다는 점도 중대한 문제다. 각 기업과 연구 기관이 개별적으로는 뛰어난 역량을 갖췄지만, 이들이 서로 연결돼 시너지를 창출하는 데는 여전히 어려움이 있다. 특히 대기업과 중소기업, 연구 기관의 강점이 유기적으로 결합하지 못하고 있다. 경직된 규제 환경도 혁신의 속도를 늦춘다. 여기에 로봇을 여전히 '일자리의 경쟁자'로 바라보는 사회적인 인식이 남아 있어 로봇 친화적인 산업 환경 조성에 걸림돌이 된다.

현실을 인정한 전략, K-로봇의 길

우리가 스마트폰 시장에서 선택한 전략을 돌아보면, 로봇 산업에 적용할 현실적인 해답의 실마리를 찾을 수 있다. 냉정하게 말해 우리는 글로벌 소프트웨어 경쟁에서 이미 한 발 뒤처진 상태다.

국내 소프트웨어 산업은 독자적인 운영체제^{OS}나 모바일 플랫폼(안드로이드, iOS) 같은 핵심 인프라를 주도적으로 개발하거나 생태계를 구축하지 못했다. 글로벌 플랫폼에서 작동하는 애플리케이션이나 사용자 경험 중심의 써드 파티 서비스 개발에 집중할 수밖에 없었다.

로봇 분야도 마찬가지다. 오픈 소스 로봇 운영체제 ROS나 엔비디아의 로보틱스 시뮬레이션 및 AI 프레임워크(NVIDIA Isaac 등)처럼 글로벌 기업 혹은 국제 비영리 단체들이 주도하는 소프트웨어 생태계의 영향력이 절대적이다. 국내 로봇 소프트웨어는 여전히 특정 작업에만 특화된 기능 중심 개발에 머무르고 있다.

스마트폰 시장에서 우리가 택한 길은 이미 갖고 있던 강점을 살려 실리를 챙긴 현실적인 판단이었다. 소프트웨어 플랫폼의 주도권은 과감히 포기하고 정밀한 가공 기술과 유연한 제조 시스템, 글로벌 수준의 품질관리 역량을 바탕으로 하드웨어 경쟁력을 극대화하는 쪽으로 방향을 잡은 것이다.

로봇 산업도 비슷하다. 특히 다품종 소량 생산이 일반적인 로봇 산업의 특성은 정밀한 손기술과 장인정신을 바탕으로 하는 생산 방식에 익숙한 한국의 제조 DNA와 잘 맞닿아 있다. 로봇 소프트웨어 경쟁에서 한계를 인정하되, 하드웨어 플랫폼의 강점을 살려 실질적인 가치를 창출하는 '현실적인 혁신'의 길이 더 현명한 전략일지도 모른다.

또한 스마트폰과 로봇 사이에는 구조적인 차이점이 하나 있다. 스마트폰은 기술과 제품이 먼저 대중에게 소개된 뒤 문화가 따라붙는 순서였다면, 로봇은 그 반대다. 로봇은 이미 오래전부터 영화와 애니메이션을 통해 사람들의 상상 속에 자리 잡았고, 이제 기술이 그 기대를 따라잡는 상황이다. 다시 말해, 로봇 산업에서는 기술보다 문화가 먼저다.

여기서 또 하나 기회를 잡을 수 있다. K-드라마와 K-POP으로 세계를 매료시킨 우리의 문화 콘텐츠 역량은 '로봇과 함께하는 일상생활'이라는 새로운 생활 문화를 주도적으로 만들어갈 토대다.

인간과 로봇이 공존하는 이야기를 담은 콘텐츠, 예능 프로그램에 자연스럽게 등장하는 로봇, 라이프스타일 전반에 걸쳐 사람들 눈에 띄는 로봇은 기술을 넘어선 감성적인 친숙함을 만들어낸다. 이는 곧 변화에 앞서 시장이 준비하게끔 돕는 문화적인 포석이다.

한국의 로봇 전략은 기술을 넘어, 우리가 강점을 가진 제조와 문화의 힘을 함께 엮어내는 방향으로 나아가야 한다. 글로벌 소프트웨어 플랫폼을 유연하게 수용하면서도 하드웨어 기술에서 차별화를 이루고, 여기에 문화적인 감수성과 상상력을 결합함으로써 우리가 잘하는 방식으로 시장을 재정의하는 것이다. 스마트폰에서 한 차례 성공을 경험했으니, 이제 로봇 시대에 맞게 그 전략을 진화시켜야 한다.

로봇 산업의 구조적인 한계를 넘어설 열쇠는 결국 연결과 협력에 있다. 정책 기반 위에서 다양한 주체가 유기적으로 협력하는 구조, 그리고 이를 실행에 옮길 얼라이언스와 거버넌스 체계가 함께 마련돼야 한다.

바로 이런 흐름 속에서 최근 출범한 '휴머노이드 M.AX 얼라이언스'가 우리나라 로봇 산업의 새로운 원동력을 마련할 수 있을지 관심이 쏠린다. 산·학·연이 협력해 휴머노이드 로봇 기술 국산화와 로봇 생태계 조기 정착을 목표로 삼았다. 이처럼 기술 확보만으로 그치지 않고 국제 표준에 부합하는 플랫폼을 개발해 수출 경쟁력을 확보하려는 전략은 의미 있는 시도다.

결국 중요한 것은 약점과 강점을 효과적으로 연결하고 통합해 실질적인 성과를 만들어내는 것이다. 또한 로봇 윤리, 인간과 로봇의 공존, AI 융합 로봇의 안전 기준 등 세계적으로 아직 명확한 표준이 없는 분야에서 우리나라가 선도적인 기준을 제시한다면, 글로벌 경쟁에서 새로운 성장의 발판을 마련할 수 있다.

기술, 전통과 마주하다: G·아티언스 무대에 오른 웨어러블 로봇

2025년 G·아티언스 공연은 그 이름 '아티언스'처럼 과학과 예술을 나란히 놓는 데 그치지 않았다. 한국무용을 기반으로 한 전통 공연 한복판에, 웨어러블 로봇이 무대에 올랐다.

검은 도포와 갓을 갖춰 입은 무용수가 무대 중앙에 섰다. 무용수는 엔젤로보틱스의 웨어러블 로봇 엔젤렉스 M20을 입고 소고를 두드리며 장단에 맞춰 몸을 움직였다. 소고를 치는 손짓과 발 디딤이 이어지는 사이, 로봇의 프레임이 그 흐름에 맞춰 함께 호흡했다. 화려한 조명 아래 펼쳐진 이 장면은 과거와 미래가 한 화면 안에 나란히 서 있는 듯한 인상을 남겼다.

로봇은 공연의 주인공이 아니었다. 무용수가 균형을 잡도록 보조하고 움직임을 지탱하며 동작의 확장을 돕는 조력자에 가까웠다. 인간이 몸 위에 입은 기술은 전면에 나서기보다 움직임 속에 스며들었다. 그러나 관객의 시선은 자연스럽게 인간과 기계가 만들어내는 새로운 조화로 향했다. 전통 의복의 실루엣과 기계 구조가 무대 위에서 동시에 존재하는 장면은 낯설면서도 묘하게 어울렸다.

우리나라 전통 공연이라는 오랜 문화의 맥락 속에 선 웨어러블 로봇은 그 순간 산업 장비가 아니라 시대의 변화를 드러내는 매개체가 됐다. 한국 사회는 오랜 전통과 빠른 기술 발전을 동시에 품고 성장해왔다. 이 무대에서는 전통과 기술이라는 두 흐름의 만남이 충돌이 아니라 공존과 확장으로 이어진다는 사실을, 아무 말 없이 인상적인 장면만으로 똑똑히 보여줬다.

2025년 G·아티언스 무대에서 전통과 기술의 조화를 보여준 무용수와 웨어러블 로봇 엔젤렉스 M20

타임라인이 얼마 남지 않았다

우리나라 로봇 산업이 당면한 가장 큰 문제는 바로 '시간'이다. 글로벌 시장은 기술 혁신과 시장 선점을 둘러싸고 그 어느 때보다 빠르게 움직이고 있다. 더욱이 로봇 산업은 네트워크 효과가 강한 분야다.

먼저 시장을 선점한 기업이나 국가가 표준을 만들고 생태계를 구축하며 데이터를 축적하면 후발 주자들이 따라잡기 어려운 격차가 생긴다. 스마트폰 시장에서 애플과 구글이 만든 생태계가 후발 기업들의 진입을 어렵게 만든 것처럼, 로봇 시장에서도 비슷한 현상이 나타날 가능성이 크다.

특히 서비스 로봇과 AI 융합 로봇 등 새롭게 부상하는 분야는 아직 글로벌 표준이 확립되지 않아 우리에게 중요한 기회를 내어주는 한편, 시간의 압박을 뜻하기도 한다. 지금 결정적인 기술 혁신이나 시장 선점에 성공하지 못한다면 우리는 앞으로도 오랫동안 추격자의 위치에 머물 수밖에 없다.

2030년이라는 목표 시점까지 이제 얼마 남지 않았다. 로봇 기술 개발부터 상용화, 시장 검증, 글로벌 진출까지 고려하면 결코 여유로운 기간이 아니다. 지금 우리가 내리는 선택이 10년 후 우리나라 로봇 산업의 위상을 결정할 것이다.

그렇기에 지금이야말로 과감한 결단이 필요한 시점이다. 우리가 가진 강점을 최대한 활용하면서 약점을 신속히 보완하고, 새로운 기술 패러다임에 대한 선제 투자를 아끼지 말아야 한다.

이 시점은 단순한 산업 경쟁의 일부가 아니다. 우리나라 로봇 산업이 기술 개발을 넘어 제도·생태계·시장 전략을 아우르는 '종합적 산업 설계'로 나아가기 위한 분기점이다. 지금 내리는 선택 하나하나가 우리나라를 '로봇 잘 만드는 나라'에서 '로봇으로 변화를 주도하는 나라'로 바꿀 수 있다. K-로봇의 미래는 먼 곳에 있지 않다. 바로 지금, 우리의 결단과 실행에 달렸다.

로봇 산업의 과제, 기술적 표준과 플랫폼화

로봇 산업의 성장이 단지 기술적인 진보만으로 이뤄지는 것은 아니다. 우선 하드웨어와 소프트웨어가 함께 발전해야 한다. 또 서로 다른 환경에서도 호환되는 표준과 플랫폼 같은 구조적인 기반이 마련돼야만 비로소 '산업'이라는 이름을 가질 수 있다.

로봇 산업은 그 자체로 복잡한 기술의 집약체지만, 동시에 다른 산업과 끊임없이 연결되며 산업 전반을 재편하는 강력한 힘을 발휘한다. 그렇기에 기술적인 연결성 확보와 표준화, 다양한 서비스와 연계 가능한 플랫폼 구축은 선택이 아닌 필수다.

글로벌 기업들은 이미 로봇 운영체제, 시뮬레이션 환경, AI 학습 프레임워크 등 통합 솔루션 개발에 집중하고 있다. 이런 상황에서 우리가 나아갈 방향은 더욱 명확하다.

이 중요한 전환점에서 우리나라 로봇 산업이 진정한 글로벌 플레이어로 도약하기 위해서는 기술 개발을 넘어 '표준과 플랫폼'이라는 구조에 대한 깊이 있는 고민과 전략적 실행이 필요하다.

현재 많은 로봇 기업이 독자적인 방식으로 제품을 개발하고 있다. 통신 프로토콜, 소프트웨어 인터페이스, 심지어 같은 기능을 수행하는 부품의 규격조차 제각각이라 호환이 쉽지 않다. 이는 과거 제조사마다 충전 규격이 달라 불편을 겪은 휴대폰 산업 초기의 혼란과 닮았다.

표준의 부재는 사용 현장에서 불편함으로 이어진다. 예를 들어 청소 로봇과 배송 로봇을 동시에 운용하려면 제어 시스템과 앱을 따로 설치하고 관리해야 한다. 데이터 공유도 원활하지 않아 한 제조사의 로봇을 도입한 후 다른 로봇을 추가하면 전체 시스템을 다시 구축해야 하는 비효율적인 상황이 발생한다.

이러한 문제를 개선하기 위해 최근 글로벌 기업들은 로봇 플랫폼 구축 경쟁에 적극 나서고 있다. 아마존은 AWS 클라우드 기반 로봇 서비스를 통해 다양한 로봇의 연계를 강화한다. 테슬라는 옵티머스 로봇과 AI 플랫폼을 통합해 새로운 생태계를 만들어간다.

하지만 이러한 플랫폼 경쟁은 또 다른 문제를 야기한다. 스마트폰 시장의 iOS와 안드로이드처럼 플랫폼 간에 단절이 생기면 사용자는 특정 생태계에 종속된다. 이런 제약은 로봇 산업 전체의 혁신과 확장성을 제한한다. 이는 생태계의 개방성과 지속 가능성을 함께 고려해야 하는 복합적인 과제다.

표준을 세우기는 결코 쉽지 않다. 로봇은 사용 환경과 목적이 너무 다양해 모든 상황을 한 가지 표준으로 해결하기가 어렵다. 지나치게 이른 시점에 표준을 확립하면 혁신을 가로막을 수 있고, 너무 늦으면 혼란이 더욱 가중된다. 따라서 점진적이고 전략적인 표준화 전략이 필요하다. 예를 들어 통신 프로토콜과 안전 기준 같은 기초 표준부터 먼저 마련하는 것이 현실적이다.

우리나라 로봇 산업이 글로벌 경쟁력을 확보하려면 전략적인 표준화 및 플랫폼화 접근법이 필요하다. 특히 웨어러블 로봇이나 협동 로봇처럼 아직 글로벌 표준이 불명확한 분야에서 우리나라 기업이 기준을 제시하고 시장을 선점한다면 세계 시장에서 '기술 리더'라는 입지를 확보할 수 있다. 이를 위해 국내 로봇 기업들이 힘을 모아 공동으로 표준을 마련하고, 협력형 플랫폼을 구축해 생태계를 형성하려는 노력이 중요하다.

결국 기술 표준화과 플랫폼화는 개별 기업 간의 경쟁을 넘어 산업 전반의 지속 가능한 성장 구조를 만드는 일이다. 이는 단순한 기술 문제가 아니라 우리나라 로봇 산업이 '따라가는 산업'에서 '길을 만드는 산업'으로 진화하기 위한 결정적인 조건이기도 하다.

로봇이 인간의 삶에 가져올 진정한 변화

로봇은 어떻게 인간의 삶을 바꾸나

지금까지 로봇 산업의 기술 진보와 시장의 가능성, 그리고 앞으로 해결해야 할 과제들을 살펴봤다. 그러나 더욱 중요한 것은 로봇과 인간이 함께 살아가는 미래를 어떻게 만들어갈 것인가다.

언젠가 사람들은 로봇이 얼마나 정교하게 움직이는지가 아니라 로봇과 함께하는 일상이 얼마나 자연스러운지 논하게 될 것이다. 처음에는 경계와 호기심 속에서 로봇과 마주하겠지만, 시간이 지나면 로봇이 일상의 일부가 될 것이다.

처음 스마트폰을 손에 쥐었을 때의 낯선 감각에 어느새 익숙해졌듯이, 로봇 또한 그렇게 우리 세계로 들어올 것이다. 어쩌면 공존이란 막연한 생각만큼 거창한 개념이 아니라 그저 서로의 존재에 익숙해지는 과정일지도 모른다.

필자가 웨어러블 로봇을 개발하고 상용화하는 과정에서 얻은 가장 큰 교훈도 여기에 있다. 아무리 뛰어난 기술이라도 사람들이 받아들이고 사용하지 않으면 가치를 실현할 수 없다.

결국 로봇을 만드는 것도, 개선하는 것도, 활용하는 것도 사람이다. 진정한 로봇 시대는 기술의 완성이 아니라 인간과 로봇의 조화로운 공존이 실현되는 시점에 비로소 시작될 것이다.

로봇이 인간의 삶에 가져올 변화는 기술적인 성과만으로는 설명할 수 없다. 변화의 핵심은 사람들이 겪고 이야기하는 경험에 있다. 웨어러블 로봇을 통해 다시 걷게 된 이들의 기적 같은 이야기는 신체적인 회복을 넘어 삶 자체에 새로운 가능성을 열어준다. 자유로운 움직임을 되찾는 순간은 곧 자신감을 회복하는 순간이다. 그 놀라운 경험은 다른 사람들에게도 도전할 의지를 불러일으킨다.

이러한 개인의 변화는 의료 현장의 혁신과도 연결된다. 웨어러블 로봇을 통해 축적한 데이터는 의료진이 환자의 상태를 더욱 정확하고 객관적으로 파악할 수 있도록 돕는다. 의료진은 데이터를 기반으로 각 환자에게 최적화된 맞춤형 재활 및 치료 계획을 수립할 수 있다. 환자도 자신의 회복 과정을 구체적이고 객관적인 데이터로 확인하며 재활 치료에 대해 강력한 동기를 얻는다. 재활을 통해 삶을 되찾아가는 환자들의 모습을 보며 주변 사람들도 희망과 용기를 얻는다.

우리는 흔히 건강한 사람과 환자를 구분하려 하지만, 실제 삶에서는 이 경계가 그리 분명하지 않다. 누구나 언제까지고 건강하게 살 수 있으면 좋겠지만 때로는 누군가의 도움이 필요한 순간을 맞이한다.

한 사람이 젊은 시절부터 웨어러블 로봇과 함께 생활한다고 가정해 보자. 처음에는 운동 중에 피로를 줄이거나 일상에서 올바른 자세를 유지하는 데 도움을 받는다. 시간이 흐르며 로봇은 사용자의 신체 데이터와 생활 패턴을 학습해 더욱 정교한 맞춤형 지원을 제공한다.

중년에 접어들어 관절이나 근육에 문제가 생기면 로봇이 그동안 축적한 데이터를 바탕으로 효과적인 재활 프로그램을 제안한다. 회복 이후에는 건강 상태를 꾸준히 관리하는 역할을 이어간다. 로봇과 AI는 한 사람의 생애 전 주기에 걸쳐 신체의 변화를 이해하고 자유로운 삶을 지원하는 동반자가 된다.

로봇 기술의 궁극적인 가치는 불가능을 가능하게 만드는 것을 넘어, 인간을 더 깊이 이해하고 삶의 질을 끌어올리는 데 있다. 안경과 렌즈가 시력 저하라는 개념을 바꿔놓았듯이, 웨어러블 로봇도 근력 약화와 신체적인 불편이라는 개념을 다시 정의할 것이다. 또한 웨어러블 로봇의 응용 분야는 의료와 재활을 넘어 산업 현장, 스포츠, 가상 현실 등 여러 분야에서 인간의 능력을 다양한 방식으로 확장하며 우리 삶의 경계를 한층 더 넓혀갈 것이다.

결국 로봇을 만드는 것도, 이용하는 것도 사람이다

지금까지 로봇이 무엇인지, 어떤 종류가 있고 어떤 비즈니스 기회를 만들어내는지, 미래가 어떤 모습으로 다가올지 살펴봤다. 여기서 무엇보다 중요한 점은 이 모든 기술과 가능성이 결국 더 나은 삶을 위해 존재한다는 것이다.

로봇 기술이 아무리 발전하더라도 기술을 만들고 사용하는 주체는 여전히 사람이다. 필자는 연구실에서 완벽하게 작동하던 기술이 실제 현장에서는 전혀 다른 문제에 부딪히는 경우를 자주 본다. 사용자마다 체형도 다르고, 환경도 다르며, 기술에 기대하는 바도 각기 다르기 때문이다. 기술자 관점에서 완벽한 로봇이 사용자에게 반드시 유용한 로봇은 아니다. 이 사실을 깨닫는 순간, 로봇 산업의 진정한 출발점이 열린다.

로봇의 성공은 기술적인 완성도에만 좌우되지 않는다. 기술을 사용하는 사람이 얼마나 자연스럽게 받아들일 수 있는지도 중요하다. 이는 사용법의 문제를 넘어 기술이 사람의 필요에 맞춰야 한다는 철학적인 문제다.

초기에는 "뛰어난 로봇을 만들고 사람이 그에 맞춰야 한다"라는 접근이 주를 이뤘다. 그러나 이제는 "사람의 필요에 로봇이 맞춰야 한다"라는 방향으로 패러다임이 바뀌고 있다. 사람의 자연스러운 움직임과 생활 패턴에 로봇이 조화롭게 어우러지는 것, 그리고 그 과정에서 사람의 몸과 마음이 편안해지는 것, 이것이 진정한 성공의 열쇠다.

결국 로봇과 인간이 공존하려면 기술적인 완성도만큼이나 사람에 대한 깊은 이해가 필요하다. 또한 로봇 산업이 꾸준히 성장하려면 젊은 세대가 이 분야에서 '기술을 통한 인간의 가치 실현'이라는 진정한 의미를 발견해야 한다.

로봇 시대는 더 이상 먼 미래 이야기가 아니다. 미래는 지금 이곳에서, 우리의 선택과 결정 속에서 만들어지고 있다. 우리가 어떤 가치를 추구하고 어떤 방향으로 기술을 발전시키느냐에 따라 로봇과 함께할 미래의 모습은 완전히 달라질 것이다.

희망찬 사실은 다행히도 이미 많은 사람이 로봇을 인간을 위한 기술로, 인간과 함께하는 동반자로 바라보고 있다는 점이다. 이런 인식이 퍼지고 뿌리를 내릴 때, 비로소 우리는 기술과 인간이 조화를 이루는 아름다운 미래, 즉 사람을 위한 로봇의 시대를 맞이하게 될 것이다.

로봇의 미래는
이미 우리 곁에 와 있다

"미래는 이미 와 있다. 단지 널리 퍼지지 않았을 뿐이다."

SF 작가 윌리엄 깁슨의 이 통찰은 오늘날 로봇을 바라보는 우리의 시선과 맞닿아 있습니다. 누군가에게 로봇은 아직 먼 미래의 공상 과학이지만, 누군가에게는 이미 일상을 지탱하는 필연적인 실체입니다. 머지않은 날, 로봇은 공기나 전기처럼 너무도 자연스럽게 인류의 곁을 지키게 될 것입니다.

우리는 이미 공장에서, 병원에서 그리고 가정에서 로봇과 함께 더 나은 내일을 설계하고 있습니다. 하지만 인류는 이제 막 그 거대한 문을 열었을 뿐입니다. 로봇은 물리적인 환경의 혁신을 넘어, 인간이 자신의 일과 삶을 정의하는 방식 그 자체에 근본적인 변화를 예고하고 있습니다.

로봇이라는 단어가 주는 설렘이나 두려움에 매몰되기보다, 우리가 지향하는 본질적인 가치를 먼저 되새겨야 합니다. 편의와 효율만 추구하는 속도전 속에서는 '사람다움'이라는 핵심을 놓칠 위험이 있고, 변화가 두려워 뒷걸음질친다면 기술이 선사할 기회의 문이 닫혀버릴 것입니다. 우리에게 필요한 것은 균형 잡힌 시선과 유연한 태도입니다. 로봇이 차가운 기계적 속성을 넘어, 인류와 공동의 가치를 창출하는 '동반자'로 자리매김할 수 있도록 끊임없이 질문하고 토론해야 합니다.

로봇은 인간의 상상력과 공학적인 도전, 그리고 사회적인 필요가 결합한 하나의 '종합 예술'입니다. 로봇은 더 이상 단순한 금속 덩어리가 아니라 인간의 한계를 확장하고 삶을 풍요롭게 만드는 지능형 파트너로 진화하고 있습니다.

'우리는 앞으로 어떤 세상을 만들게 될까?'

로봇 시대를 맞이하는 우리는 기술의 변화를 수동적으로 수용하는 관찰자에 머물러서는 안 됩니다. 로봇이 사회의 건강한 구성원으로 안착하는 과정을 주도적으로 설계하는 리더가 돼야 합니다.

로봇은 인간의 자리를 찬탈하는 '일자리 킬러'가 아니라, 새로운 가능성을 여는 '창조적인 도구'여야 합니다. 우리는 기술을 정교하게 설계하는 동시에, 이를 담아낼 법적·윤리적 그릇을 만들고 사회적인 신뢰라는 토양을 다져야 합니다.

로봇 기술이 도달할 최종 목적지를 정확히 예견할 수는 없습니다.

다만 로봇이 단순·반복 업무의 굴레에서 인간을 해방하고, 위험한 현장에서 생명을 지키며, 사회적 약자의 든든한 팔다리가 돼주는 모습은 이미 우리 주변에서 현실로 증명되고 있습니다. 역설적이게도 로봇이 더 많은 일을 대신할수록, 우리는 비로소 더 인간다운 삶이 무엇인지 고민할 시간과 여유를 얻게 될지도 모릅니다.

지금까지 로봇 기술의 기원과 진화의 궤적, 그리고 우리가 그려갈 미래의 지도를 함께 살펴봤습니다. 비록 모든 질문에 완벽한 답을 내놓을 수는 없겠지만, 인간과 로봇이 어깨를 나란히 하고 걸어갈 무수한 가능성 앞에서 이 책이 작은 디딤돌이 되기를 소망합니다.

미래는 여전히 모든 방향으로 열려 있습니다. 로봇과 함께 펼칠 새로운 무대, 로봇 시대는 우리의 삶을 이전보다 훨씬 다채롭고 풍요롭게 물들일 것입니다.

김승환 연구원에게 전하는 감사의 글

이 책《로봇의 미래》는 사이배슬론 2024 금메달리스트, 김승환 연구원이 없었다면 절대 완성하지 못했을 것입니다. 김승환 연구원에게 감사의 마음을 전하고자 책을 마무리하며 이 글을 쓰게 됐습니다.

김승환 씨를 처음 만난 건 2020년에 사이배슬론 대회를 준비할 때였습니다. 사이배슬론 대회에는 하반신 마비 장애인만이 선수로 참여할 수 있기 때문에, 후보 선수들을 발탁해 맞춤형 로봇을 만들고 보행 훈련을 실시했습니다. 그 후보들 중 한 사람으로 김승환 씨를 처음 만났습니다. 워낙 활동적이었던 사람이 교통사고를 당해 하루아침에 하반신 마비 장애인이 되었는데, 여전히 쾌활하고 밝은 에너지를 발산하던 모습이 생생합니다. 로봇을 입고 걷게 되자 어찌나 설레하던지, 처음으로 일어서기 전에 입술을 바들바들 떨던 모습도 떠오릅니다. 그런데 건강상의 이유로 2020년 사이배슬론에서는 보행 훈련을 해보지 못하고 로봇 착용을 중단해야 했습니다. 그렇게 각자의 삶에서 3년이라는 시간이 더 흘렀습니다.

그다음 대회였던 2024년 사이배슬론 준비 과정에서 김승환 씨를 다시 만났습니다. 그러나 이번에는 단순한 선수가 아니었습니다. 2020년 대회에서 금메달을 수상하면서 우승 타이틀을 확보한 이후 기술적인 초격차 실현이 더욱 중요해졌기 때문입니다. 그래서 연구 과정을 함께할 장애인 연구원을 찾기 시작했고, 김승환 씨가 '대회 선수'이자 '로봇 연구원'으로서 우리와 함께 새로운 인생을 시작하게 됐습니다. 본인이 착용할 웨어러블 로봇, 워크온슈트 F1을 연구하며 부족한 점을 발견하고, 연구원들을 불러 모아 개발 방향을 수정하는 작업을 반복했습니다. 그렇게 김승환 '선수'보다는 김승환 '연구원'이라는 호칭이 더욱 익숙해졌습니다.

이 책을 본격적으로 집필하기 시작한 시점에 제게도 큰 어려움이 찾아왔습니다. 약시, 녹내장 등 온갖 질환을 달고 살던 한쪽 눈의 망막 한가운데가 찢어지면서 시력이 일시적으로 나빠진 것입니다. 수술 이후에도 한동안 땅만 보며 지내야 했고, 그 뒤에도 1~2년 가까이 불편한 시기를 거쳤습니다. 이런 상황에서 책을 집필하기는 생각보다 더 어려웠습니다.

이때 큰 도움이 돼준 동료가 바로 김승환 연구원이었습니다. 처음에는 '김승환 연구원이 재미있게 읽을 수 있는 로봇 책을 쓰면 되겠네' 하고 시작했습니다. 그렇게 대화를 이어가고 서로의 생각을 맞추다 보니, 어느새 로봇의 미래에 대해 비슷한 수준으로 논의하는 단계에 이르렀습니다. 이 책을 집필하는 동안 김승환 연구원은 감성 충만한 에

이전트 인간 지능이었고, 컴퓨터 작업이 어려웠던 시기에 기꺼이 제 손과 눈이 되어 주었습니다.

갑작스러운 시련은 누구에게나 찾아오기 마련입니다. 대외적으로는 엔젤로보틱스의 성장과 코스닥 상장, 정교수 승진, 국제 대회 우승 등 더 이상 바랄 것이 없다고 느낄 만큼 충만한 시기였지만, 한편에서는 시력 문제 및 두통과 싸우며 만만치 않은 시간을 보냈습니다. 이런 시기에 곁에서 부족한 부분을 채워 주고, 책을 쓴다는 큰일을 함께 해 준 김승환 연구원에게 이 자리를 빌려 진심 어린 감사의 말을 전하고 싶습니다.

공경철 올림

사이배슬론 경기를 준비하는 KAIST 김승환 연구원(좌)과 공경철 교수(우)

참고자료

1. https://www.thefairnews.co.kr/news/articleView.html?idxno=17110
2. https://www.guinnessworldrecords.com/world-records/629600-fastest-100-m-by-a-bipedal-robot
3. https://news.oregonstate.edu/news/bipedal-robot-developed-oregon-state-achieves-guinness-world-record-100-meters
4. https://biz.chosun.com/industry/car/2023/12/14NQZWFEPTDRHGLEGBOX4O5JWPJ4/
5. https://thedefensepost.com/2023/06/08/us-centaur-ground-drone-flir/
6. https://biz.heraldcorp.com/article/2684297
7. https://news.stanford.edu/stories/2022/07/oceanonek-connects-humans-sight-touch-deep-sea
8. https://www.pointdaily.co.kr/news/articleView.html?idxno=184339
9. https://ifr.org/ifr-press-releases/news/record-of-4-million-robots-working-in-factories-worldwide
10. https://www.kiria.org/portal/reference/portalRefTrendList.do#link180번, 2023년 로봇 산업 실태조사 결과보고서
11. https://www.businesswire.com/news/home/20241217211681/en/
12. https://www.doosanrobotics.com/kr/about/promotion/news/view/49?page=1
13. https://www.financialpost.co.kr/news/articleView.html?idxno=202212
14. https://ifr.org/ifr-press-releases/news/sales-of-service-robots-up-30-worldwide
15. https://www.imarcgroup.com/robotic-vacuum-cleaner-market
16. https://reports.weforum.org/docs/WEF_Future_of_Jobs_Report_2025.pdf
    https://www.weforum.org/press/2025/01/future-of-jobs-report-2025-78-million-new-job-opportunities-by-2030-but-urgent-upskilling-needed-to-prepare-workforces/
17. https://www.ngen.ca/hubfs/FutureReady/Reports/NGen_Report_Digitizing%20Canadas%20Advanced%20Manufacturing%20Sector_Feb-2024_V2.pdf
18. https://www.bosch.com/stories/10-years-industry-4-0-at-bosch/
19. https://new.abb.com/news/detail/113340/cstmr-abbs-collaborative-robots-boost-

productivity-by-68-percent-on-electroluxs-refrigerator-production-line

20. https://smartcity.go.kr/wp-content/uploads/2024/09/24%EC%A4%91%EA%B5%AD%
EC%82%B0%EC%97%85%EC%9A%A9%EB%A1%9C%EB%B4%87%EC%8B%9C%E
C%9E%A5%ED%98%84%ED%99%A9%EA%B3%BC%EC%9A%B0%EB%A6%AC%EA
%B8%B0%EC%97%85%EC%9D%B4%EC%A7%84%EC%B6%9C%ED%95%A0%EB
%A7%8C%ED%95%9C%EB%B6%84%EC%95%BC-1.pdf

21. https://www.keia.kr/main/board/20/18639/board_view.do?cp=11

22. https://www.marketsandmarkets.com/Market-Reports/system-integration-services-
market-133169327.html

23. https://www.newsfc.co.kr/news/articleView.html?idxno=66508(한국신용평가원자료)

24. https://www.irobotnews.com/news/articleView.html?idxno=26051

25. https://blogs.nvidia.co.kr/blog/what-is-simultaneous-localization-and-mapping-nvidia-
jetson-isaac-sdk/

https://www.hdec.kr/KR/newsroom/news_view.aspx?NewsSeq=781

26. https://infohub.delltechnologies.com/en-us/p/the-future-of-autonomous-driving-an-
introduction-to-av2-0/

27. https://www.reportsnreports.com/semiconductor-and-electronics/global-autonomous-
mobile-robots-amr-market-size-growth-trends-and-forecasts/

28. https://www.grandviewresearch.com/industry-analysis/autonomous-vehicles-market

29. https://www.molit.go.kr/USR/NEWS/m_71/dtl.jsp?id=95087208

30. https://www.sedaily.com/NewsView/2GP3VRLE3U

31. https://www.idtechex.com/en/research-report/sensors-for-robotics-2024-2044-
technologies-markets-and-forecasts/972

32. https://www.cnbc.com/2023/02/13/lidar-makers-ouster-velodyne-merger.html

33. https://www.bosch-sensortec.com/products/motion-sensors/imus/

34. https://www.samsungsds.com/kr/insights/ai-semiconductor.240306.html

35. https://www.irobotnews.com/news/articleView.html?idxno=28844

36. https://www.rainbow-robotics.com/pr/20240405-1

37. https://www.therobotreport.com/robotics-investments-top-13b-in-july-2024/

38. https://www.goldmansachs.com/insights/articles/the-global-market-for-robots-could-
reach-38-billion-by-2035

39. https://www.deere.com/en/autonomous/

https://d3.harvard.edu/platform-digit/submission/farm-to-data-table-john-deere-and-data-in-precision-agriculture/

https://www.cnbc.com/2022/10/02/how-deere-plans-to-build-a-world-of-fully-autonomous-farming-by-2030.html

40. https://aws.amazon.com/marketplace/pp/prodview-ikiizvdqru5iq

https://aws.amazon.com/ko/blogs/supply-chain/aws-simulation-and-digital-twin-to-increase-warehouse-productivity/

41. https://commercial.allianz.com/news-and-insights/expert-risk-articles/global-risk-dialogue-cobots.html

42. https://academy.universal-robots.com/

43. https://www.ibm.com/think/topics/reinforcement-learning

44. https://web.stanford.edu/class/psych209/Readings/SuttonBartoIPRLBook2ndEd.pdf

45. https://sites.google.com/view/qtopt/home

https://deepmind.google/discover/blog/gemini-robotics-brings-ai-into-the-physical-world/

46. https://www.figure.ai/news/reinforcement-learning-walking

47. https://www.hyundai.co.kr/story/CONT0000000000172551

https://spectrum.ieee.org/hyundai-metaplant-georgia

https://www.hmgma.com/

48. https://www.naverlabs.com/en/storyDetail/124

https://www.naverlabs.com/storyDetail/331

49. https://www.tesla.com/AI

50. https://www.aip.org/fyi/white-house-tweaks-list-of-critical-and-emerging-technologies

51. https://www.irobotnews.com/news/articleView.html?idxno=37137

52. https://www.etoday.co.kr/news/view/2460901

53. https://www.reuters.com/markets/europe/labour-shortages-ease-germanys-economy-survey-shows-2024-12-19/

54. https://dream.kotra.or.kr/kotranews/cms/news/actionKotraBoardDetail.do?SITE_NO=3&MENU_ID=180&CONTENTS_NO=1&bbsGbn=243&bbsSn=243&pNttSn=212463

로봇의 미래

초판 1쇄 인쇄 2026년 3월 25일
초판 1쇄 발행 2026년 3월 30일

지은이 | 공경철

발행인 | 유영준
편집팀 | 이하정, 임찬규
마케팅 | 이운섭
디자인 | 김윤남
인쇄 | 두성P&L
발행처 | 와이즈맵
출판신고 | 제2017-000130호(2017년 1월 11일)

주소 | 서울시 강남구 봉은사로16길 14, 나우빌딩 4층 쉐어원오피스(우편번호 06124)
전화 | (02)554-2948
팩스 | (02)554-2949
홈페이지 | www.wisemap.co.kr

© 공경철, 2026

ISBN 979-11-24011-09-6 (03320)